»Meine Seele ist ein Garten, in dem das Glück blüht!«

Elena Schmidt

»Meine Seele ist ein Garten, in dem das Glück blüht!«

Bibliografische Information der Deutschen Nationalbibliothek:
Die Deutsche Nationalbibliothek verzeichnet diese Publikation in der Deutschen Nationalbibliografie; detaillierte bibliografische Daten sind im Internet über dnb.dnb.de abrufbar.

Verlag: BoD · Books on Demand GmbH, In de Tarpen 42, 22848 Norderstedt

Druck: Libri Plureos GmbH, Friedensallee 273, 22763 Hamburg

ISBN: 978-3-7597-9670-7

Inhalt

Ab sofort betrachten wir unsere Seele als einen Garten, in dem wir Liebe, Disziplin, Geduld, Achtsamkeit, Dankbarkeit und Genuss säen. Wir erfreuen uns an der Arbeit, die wir reingeben, genauso wie an den Früchten, die wir ernten. Der gesamte Prozess ist für das Glücksempfinden relevant.

Dieses Buch hilft dir, Prozesse, Mechanismen und Tools, die ein glückliches Leben erfordert, verstehen und anwenden zu können, um so die Rahmenbedingungen für ein erfülltes Leben zu kreieren (das Buch ist jedoch kein Ersatz für Psychotherapie).

Vorwort

Nach 13 Jahren Arbeit im Rahmen der Psychotherapie kann ich festhalten, dass die Belastungen, Traumata und Verletzungen, die die Psyche in den verschiedenen Lebenslagen und Entwicklungsstufen erleidet, zu den kreativsten Kompensationsverhalten führen können.

Es gibt jedoch eine Reihe von Methoden und Tools, die Menschen in jeder Lebenslage helfen können, ein glückliches Leben, trotz Verletzungen, Traumata und Belastungen, zu führen.

Diese Beobachtung hat mich inspiriert, die wirksamsten Tools und Methoden in einem Manual festzuhalten, um dir mit deiner ganz persönlichen Geschichte zu helfen, deine Seele in einen Garten verwandeln zu lernen, in dem deine Form des Glücks blühen kann.

Danksagung

An dieser Stelle möchte ich mich von ganzem Herzen bei meiner großen Liebe für seine Geduld, Inspiration und Unterstützung in allem, was ich tue, bedanken. Deine Energie schwingt in jedem Wort dieses Buches, mein Schatz.

Auch meine Familie und Freunde haben mir mit Rat und Tat zur Seite gestanden. Vielen Dank für eure Zeit und Mühe. Ich habe sehr großes Glück, euch in meinem Leben zu haben.

Und ohne meine Patienten wäre dieses Buch gar nicht erst entstanden. Lieben Dank also für Ihr Vertrauen und Ihre Bereitschaft, unermüdlich den Therapieprozess zu gestalten.

Elena Schmidt

Einleitung

Wir behandeln in diesem Buch Methoden und Tools, mit deren Hilfe du Kontrolle über dein Leben zurückgewinnst, Potentiale entfalten kannst und dich als Gestalter deines Lebens erleben wirst.

»Man muss keine glückliche Kindheit gehabt haben, um ein glückliches Leben führen zu können!«, heißt es so schön.

Ich gehe noch einen Schritt weiter und behaupte:

»Man muss keine glückliche Vergangenheit gehabt haben, um Glück im Hier und Jetzt erleben zu können und seine Zukunft glücklich gestalten zu können!«

Dafür müssen wir Gedanken, Emotionen, innere Bilder und Wahrnehmungen sortieren, ordnen und in einen kausalen Zusammenhang stellen. Dieser erlaubt es uns, die Sinnhaftigkeit aller Erfahrungen spüren zu können als auch die Energie unserer Erfahrungen zu transformieren, damit unsere Seele zu einem Garten werden kann, in dem das Glück blüht.

Damit wir das Glück ernten können, müssen wir das Buch als ein Arbeitsmanual verstehen und dein Arbeiten damit als einen Prozess. An dieser Stelle möchte ich dir ein Paar Werkzeuge an die Hand geben, die dem Verständnis und der Anwendung des Arbeitsmanuals dienen.

Viele Aspekte wirst du in diesem Prozess recherchieren, dich mit einigen Themen, die dich interessieren, zur Vertiefung autodidaktisch auseinandersetzen müssen.

Parallel empfehle ich dir Erkenntnisse sowie für dich relevante Aspekte immer mitzuschreiben. Einige Methoden, die im Vorfeld genannt werden, werden im späteren Verlauf vorgestellt, für andere nehme ich dich in die Pflicht, diese selbst nachzuschlagen.

Du wirst in diesem Buch am Ende der meisten Kapitel Fragen und Aufgaben begegnen. Es ist essentiell, dass du dir die Zeit nimmst, über diese nachzudenken und die Antworten aufzuschreiben, bevor du weiterliest. Nur die aktive Auseinandersetzung mit den Themen kann einen Transfer in deinen Alltag auf Verhaltensebene ermöglichen. Das Lesen allein wird keine Veränderung hervorrufen können, denn ohne ein Gießen und Pflegen unseres Gartens werden wir nicht ernten können.

Das Buch ist unterteilt in drei Teile:

1. Basiswissen: Hier werden alle für deine Veränderung relevanten Prozesse erläutert.

2. Deine Seele gestalten: Hier geht es darum zu entscheiden, womit du deine Seele füllen willst.

3. Methoden: An dieser Stelle kannst du die Methoden und Tools wählen, mit deren Hilfe du eine Veränderung vollziehen willst.

1. Basiswissen

1.1 Verstehen, wie das Gehirn tickt

Zuerst sehen wir uns an, wie das Gehirn tickt. Wenn wir nämlich verstehen, wie das Gehirn Informationen verarbeitet und die Wahrnehmung steuert, erscheint uns eine Änderung von Verhalten und Gewohnheiten weitaus weniger bedrohlich.

Das Gehirn sorgt dafür, dass bei der Wahrnehmung im Alltag Informationen priorisiert werden, die zur aktuellen Stimmung passen, abhängig davon, welche Gedanken in unseren Köpfen kreisen.

Dein Gehirn muss einen Gedanken mindestens 100 Mal gedacht, geschrieben oder ausgesprochen haben, um dann in seiner Funktion als Diener die dazu passenden Neurotransmitter bereitstellen zu können. Deshalb ist es wichtig zu entscheiden, welchen Gedanken wir Gehör verschaffen und welchen nicht.

Diese Entscheidungskompetenz erlernen wir, indem wir lernen, uns zu beobachten und uns die richtigen Fragen zu stellen.

Wir glauben also nicht alles, was wir denken, und lernen, destruktive Gedanken vorbeiziehen zu lassen.

Die Gedanken und Bewertungen, die automatisiert in unseren Köpfen spuken, basieren auf Glaubenssätzen, die wir im Laufe unserer Sozialisation gehört und von unseren Vorbildern und Rollenmodellen vorgelebt bekommen haben.

Solche »Fremdphrasen«, die wir als unsere Glaubenssätze verinnerlicht haben könnten, könnten so ausgesehen haben:

»Lass dich nicht für dumm verkaufen.«
»Sei besser als andere.«
»Das muss man sich erst verdienen.«
»Für Geld muss man hart arbeiten« usw.

Es gibt unzählige Glaubenssätze, die wir mit unserem nach Informationen lechzenden Gehirn wie ein Schwamm aufgesaugt haben und als unsere Glaubenssätze verinnerlicht haben. Diese bestimmen heute, wie wir Ereignisse und Verhalten bewerten, was direkten Einfluss auf unsere Emotionen und Stimmungen hat.

Hier gilt es genau zu überprüfen, welche Glaubenssätze ausgedient haben und ersetzt werden müssen. Denn Glaubenssätze produzieren Gedanken und Bewertungen. Gedanken produzieren Emotionen und Stimmungen.

Da wir nicht länger die Sklaven unserer Stimmung sein wollen, werden wir an jedem einzelnen Glied dieser kausalen Kette ansetzen und diese Schritt für Schritt verändern.

Das Gehirn unterscheidet nicht zwischen gut und schlecht. Es fragt allein nach dem »Wie oft?«.

Es möchte uns zum Experten machen für den Zustand, in dem wir gerade sind oder im Hinblick auf die Materie, die uns beschäftigt. Erleben wir eine depressive Episode, will das Gehirn uns zum Experten für depressive Zustände machen. Deshalb kramt es nur Erinnerungen hervor, die zum depressiven Zustand passen. Es setzt uns eine Brille auf, mit der wir im Alltag nur das wahrnehmen können, was zu diesem Zustand passt.

Das Gehirn ist ein treuer Diener. Es stellt auch die dazu passenden Neurotransmitter und Hormone bereit, die uns ermöglichen, uns als Experte in Sachen Depression zu fühlen. Das Wechseln der Stimmung wird zudem dadurch erschwert, dass das Gehirn Bedrohungs- und Angstgedanken priorisiert behandelt. Durch die Bestätigung, dass die Welt bedrohlich ist, wenn wir diese durch die Brille der Angst betrachten, schafft das Gehirn eine paradox vertraute Sicherheit.

An dem Spruch »Lieber das gewohnte Unglück als das ungewohnte Glück« ist also viel Wahrheit dran. Doch genau diese Haltung verhindert Entwicklung. Wir müssen also lernen, für uns selbst auf eine andere, konstruktive Weise das Gefühl von Sicherheit herzustellen. Das können wir erreichen, indem wir das Selbstvertrauen stärken und für unsere eigene Entwicklung dauerhaft Sorge tragen.

Es kann keine objektive Welt da draußen geben. Es gibt so viele Welten wie Gehirne, die diese durch die aktuelle Brille betrachtet abbilden. Deshalb ist jede Erinnerung eine Konstruktion und eben keine Rekonstruktion einer Wirklichkeit. Es ist vielmehr eine Collage aus den zu diesem Zeitpunkt konditionierten (gekoppelten) Wahrnehmungen aller Sinneskanäle. Deshalb schmeckt Vanillepudding nach Geborgenheit.

Das Gehirn will den Weg des geringsten Widerstandes gehen. Aus diesem Grund fragt es nicht nach dem »Warum«. Genau deshalb müssen wir das tun! Komplexität ist etwas Gutes, und wir wollen wählen können, wann wir die Abkürzung nehmen und wann wir mit der Komplexität spielen wollen.

Wenn man die Funktionsweise des Gehirns umrissen hat, versteht man auch, warum die Arbeit mit Affirmationen (suggestiv und bewusst formulierte Phrasen, die ein Gefühl, einen Umgang mit etwas, aber auch Eigenschaften beschreiben) so kraftvoll sein kann. Hier geht es nicht darum, Affirmationen zu nutzen, die sich aktuell stimmig anfühlen. Es geht darum, Affirmationen zu formulieren, die unsere angestrebte Lebenshaltung und unser angestrebtes Lebensgefühl in der Zukunft beschreiben. Mehr dazu findest du im Kapitel »Glaubenssätze und Affirmationen«.

Indem das Gehirn sehr selektiv Informationen zur aktuellen Stimmung passend, aus der Umgebung rausfiltert, erhöht es die Wahrscheinlichkeit, dass wir unsere Zukunft passend zum gegenwärtigen Zustand gestalten. Wenn wir uns dafür entscheiden, zu lamentieren und andere für unsere Situation verantwortlich zu machen, wird das Gehirn dafür sorgen, dass wir auch weiterhin in der Opferrolle verweilen. Wenn wir uns dafür entscheiden, unser Gehirn mit Gedanken und Bildern zu füttern, die unser Wunschleben abbilden, dann wird es dafür sorgen, dass wir die dazu passende Realität bekommen. Genau diese leitende und anziehende Funktion des Gehirns wollen wir zum späteren Zeitpunkt näher betrachten. Wir werden sie uns zu Nutze machen mithilfe des Anwendens von Affirmationen, Empathie, Visualisierung und anderer Methoden und Konzepte.

1.1.1 Gedankenbuch

Um den meisten Nutzen aus diesem Buch ziehen zu können, solltest du dir ab sofort ein Gedankenbuch anschaffen und dieses parallel zum Lesen führen.

Hierfür brauchst du einen Block, einen Stift, Disziplin, Beharrlichkeit und Offenheit.

Du weißt bereits: Das Gehirn muss sich selbst mindestens 100-mal einen Gedanken denkend, sprechend oder schreibend erleben, um die dazu passenden Botenstoffe bereitstellen zu können.

In deinem Gedankenbuch dokumentierst du ab sofort, in verschiedene Kategorien unterteilt, dein Erleben, die Fragen, die du dir stellen wirst, die Antworten hierauf sowie Erkenntnisse und die Themen, an denen du arbeitest.

1.1.1.1 Struktur deines Gedankenbuchs

Im Folgenden werden Vorschläge für die Kategorien deines Gedankenbuchs aufgeführt. Dies sind nur Vorschläge und sollen durch deine eigenen Vorstellungen ergänzt oder ersetzt werden.

Einige der im Folgenden aufgeführte Kategorien werden im weiteren Verlauf erläutert. Es macht jedoch Sinn, ihnen bereits zu diesem Zeitpunkt Platz einzuräumen.

Veränderte Lebensumstände gehen mit spezifischen Themen einher. Betrachte dein Gedankenbuch also als einen lebenden Organismus und einen treuen Begleiter auf deiner Reise.

Strukturvorschläge für Kategorien deines Gedankenbuchs:

- Dankbarkeitstagebuch
- Erkenntnisse / Lessons learned
- Ereignisse / Erlebnisse
- Supplements
- Was tue ich für meine positive Energie
- Ziele
- Neue Gewohnheiten
- Meine Werte
- Meine Glaubenssätze
- Meine Affirmationen
- Meine Psychohygiene-Methoden
- Meine Ressourcen
- Meine Entspannungstechniken
- Meine Fragen

Fragen und Aufgaben

- **Welche Kategorien gehören für dich noch in dein Gedankenbuch?**
- **Lege dein Gedankenbuch an, bevor du weiterliest.**

1.2 Supplements – Bausteine für eine innere Balance

Bevor ich mit der Anamnese und Zieldefinition bei meinen Patientinnen und Patienten im therapeutischen Kontext beginne, stelle ich Fragen zum Lebensstil. Denn nur wenn dem Körper alle Bausteine zugeführt werden, die er benötigt, um die lebensnotwendigen Hormone und Neurotransmitter bilden zu können, kann eine autodidaktische Selbstwirksamkeitsarbeit überhaupt greifen.

Dieses Kapitel adressiert die wichtigsten Aspekte im Hinblick auf Lebensführung und Supplements. Ich empfehle jedem, sich mit diesen Themenfeldern eingehend zu beschäftigen, z. B. mithilfe der einschlägigen Literatur und den Podcasts von Andrew Huberman. Im Rahmen dieses Buches wird diese Thematik jedoch als eine von vielen Komponenten des autodidaktischen Selbstwirksamkeitsprozesses vorgestellt.

Jeder Körper benötigt zu verschiedenen Zeitpunkten unterschiedliche Formen der Unterstützung. Die Empfehlungen sind daher als Vorschläge zu betrachten, die immer individuell angepasst werden müssen.

Der Status quo ist der Anfang unseres Handelns, daher empfehle ich jedem einen regelmäßigen Check-up der Blutwerte beim Arzt im Hinblick auf:

- Glucose
- Eisen
- Vitamin D
- Vitamin B12

- Schilddrüsenwerte
- Magnesium
- Calcium

»Halten Sie sich täglich für mindestens eine Stunde draußen auf und erhalten natürliches Licht zur Bildung von Vitamin D?«

»Essen Sie genügend Eiweiß?«

»Erhalten Sie genügend Vitamine und Spurenelemente aus der Nahrung?«

Was hat es damit auf sich? Nun, keine Therapie oder eigendidaktische Intervention kann greifen, ohne dass wir die Basisvoraussetzungen erfüllen, damit das Gehirn seinen Job machen kann. Deshalb empfehle ich jedermann, zunächst einmal ein Blutbild beim Arzt machen zu lassen, um den Spiegel von Vitamin D, B-Vitaminen, Magnesium, Kalium, Calcium und Eisen zu ermitteln. In der Regel haben die meisten Personen in Deutschland niedrige Werte. Ich bin kein Arzt, doch weiß ich, was der Körper braucht, um bestmöglich funktionieren zu können.

Im Folgenden ein kurzer Abriss darüber, was du über die Mechanismen des Körpers wissen solltest, um dein Vorgehen darauf aufbauen zu können (Erkrankungen werden hier jedoch nicht berücksichtigt):

Es gibt zwei Systeme im Körper: ein aktivierendes (sympathisches System) und ein beruhigendes (parasympathisches System). Beide Systeme wirken über Neurotransmitter und Hormone auf unseren Körper. Das sympathische System agiert mithilfe von Adrenalin, Noradrenalin, Dopamin, Cortisol usw. Das parasympathische System wird mitunter über Serotonin, Oxytocin sowie Endorphine gesteuert.(Schlage gerne die Wirkungsweise der aufgeführten Neurotransmitter nach.)

Wenn jemand unter Angstzuständen leidet, sind diese Systeme nicht im Gleichgewicht, sondern das sympathische (aktivierende) System dominiert. Dann muss der Körper in seiner parasympathischen Funktion unterstützt werden.

Studien belegen, dass depressive Patienten über unzureichend Serotonin im synaptischen Spalt verfügen und deshalb, stark vereinfacht gesagt, die beruhigende Wirkung nicht erfolgen kann. Wie können wir das in unserem Vorgehen adressieren? Nun für die Bildung von Serotonin braucht es mitunter Vitamin D (das übrigens kein Vitamin ist, sondern als Hormon im Körper produziert wird), Tryptophan (eine Aminosäure, die in eiweißreichen Nahrungsmitteln vorkommt), Magnesium und B-Vitamine. Es macht also einen Unterschied, ob wir dem Körper diese Vitamine und Spurenelemente täglich zuführen oder nicht.

Aus Serotonin wird das Schlafhormon Melatonin gebildet. Deshalb leiden depressive Patienten häufig an Schlaflosigkeit. Wenn nicht genügend Serotonin produziert wird, kann der Körper nicht ausreichend Melatonin bereitstellen. Dabei ist es besser, den Körper selbst dabei zu unterstützen, Melatonin produzieren zu können, und nur in Absprache mit dem Arzt sollte Melatonin supplementiert werden.

Im Folgenden werden nur Supplements genannt, die ich selbst unterstützend für die Funktionalität des sympathischen und parasympathischen Systems einnehme (die Dosierung hängt vom Rat des Arztes ab):

Morgens:
- Vitamin D (ist fettlöslich und muss immer zusammen mit Magnesium und etwas Fett eingenommen werden, um Muskelkrämpfe zu vermeiden)
- Magnesium (Citrat- oder Malat-Form, nicht Oxid-Form)
- Vitamin C (keine Ascorbinsäure, sondern eine natürliche Form wie Acerola)
- B-Vitamin-Komplex

Wenn genügend Bausteine für die Bildung der Neurotransmitter dem Körper zugeführt worden sind, kann der Parasympathikus mithilfe einer tiefen Bauchatmung aktiviert werden.

Das sympathische (aktivierende) System wird mitunter durch das Setzen, Anstreben und Erreichen von Zielen angeregt. Zudem können eine Auseinandersetzung mit neuen Aufgabenfeldern und eine neugierige Lebenshaltung den Sympathikus anregen. Für die Bildung von Dopamin sind mitunter B-Vitamine und die Aminosäure L-Tyrosin (diese ist in eiweißreicher Ernährung vorhanden) erforderlich.

Fragen und Aufgaben

- Lass dein Blutbild hinsichtlich der oben genannten Vitamine und Spurenelemente beim Hausarzt untersuchen.
- Wie sehen deine Blutwerte hinsichtlich der oben genannten Vitamine und Spurenelemente aus?
- Was willst du supplementieren, um deinen Körper zu unterstützen?

1.3 Lebensführung

1.3.1 Ernährung

Hinsichtlich einer gesunden Ernährung glauben die meisten Menschen aufgeklärt zu sein. Es gibt jedoch so viele widersprüchliche Empfehlungen, dass wir dazu tendieren, verschiedene Ernährungsweisen auszuprobieren, um festzustellen, dass, egal für welches Modell wir uns entscheiden, uns am Ende etwas fehlt oder sich irgendetwas nicht stimmig anfühlt. Deshalb folgende Tipps an dieser Stelle:

1 Identifiziere die Lebensmittel, die dein Körper gut verdaut, ohne dass du Beschwerden hast.
2 Protein first. Ganz gleich wie deine Ernährungsweise ist, achte darauf, dass du Protein zuerst isst, jedoch nicht mehr als 1 g/kg Körpergewicht, um Nierenproblemen vorzubeugen. Dabei sollten pflanzliche Proteine wie z. B. Kichererbsenprotein priorisiert und

dann durch Eier, Milchprodukte und gegebenenfalls Fleisch ergänzt werden. Aus Aminosäuren, die in Proteinen enthalten sind, werden sämtliche Botenstoffe, Hormone und Zellen wie auch Muskelzellen gebildet.

3 Kohlenhydrate möglichst komplex, in Form von Vollkornprodukten. Für autoimmun Erkrankte muss dies nicht unbedingt gelten. Diese sollten umso mehr darauf achten, was sie gut essen können, ohne die Autoimmunaktivität anzuregen.

4 Versuche einen starken und rapiden Anstieg an Insulin zu vermeiden. Das gelingt am besten, wenn du Eiweiß zuerst isst und danach erst Kohlenhydrate und wenn du zu den Kohlenhydraten Ballaststoffe zu dir nimmst. Ein starker Anstieg des Insulins macht zum einen müde und zum anderen ist er mit einer geringeren Lebenserwartung assoziiert. Lebensmittel, die möglichst wenig verarbeitet sind, führen selten zu einem rapiden Insulinanstieg.

5 Intermittierendes Fasten hilft dem Darm, sich selbst zu reinigen. Man sagt, dass nach 16 Stunden Fasten der Darm sein Mikrobiom selbst zu sanieren beginnt. Dies kann z. B. bei SIBO (Bakterielle Falschbesiedlung des Dünndarms) sehr hilfreich sein, weil dann unerwünschte Darmbakterien zuerst sterben.

6 Vegetarier und Veganer sollten in jedem Fall regelmäßig ihre Vitamin B12- und Eisenwerte im Blut testen lassen und gegebenenfalls diese supplementieren.

Fragen und Aufgaben

- An welcher Stelle kannst du deine Ernährung verändern, um dich besser mit den notwendigen Vitaminen und Spurenelementen zu versorgen?
- Bis wann willst du die Veränderungen vorgenommen haben?

1.3.2 Schlaf

Ja, wir wissen: Schlaf ist gesund. Wenn wir aber abends Serien schauen und noch nicht müde sind, fällt es uns schwer, uns proaktiv dafür zu entscheiden, schlafen zu gehen.

Jeder hat einen genetisch programmierten Rhythmus und jeder braucht eine andere Dosis Schlaf, um sich morgens ausgeruht zu fühlen.

Wir achten meistens auf gesunde Ernährung und sportliche Aktivität. Beim Thema Schlaf sind wir jedoch bereit, Einbußen zu machen. Dabei ist genau Schlaf die wichtigste Ressource für den Körper, um regenerieren zu können.

Im Schlaf werden wichtige Botenstoffe und Hormone produziert und Heilungsprozesse angestoßen. Wer nicht genügend schläft, nimmt beispielsweise zu, weil der Körper nicht ausreichend Leptin (Sättigungshormon) produzieren kann. Dies macht sich in Form von Heißhungerattacken bemerkbar.

Wenn du gerade merkst, dass Schlaf eine Ressource ist, die du deinem Körper in verbesserter Form bereitstellen kannst, ist es an der Zeit, sich mit diesem Thema zu beschäftigen und neue Gewohnheiten zu bilden, sei es zu Einschlafritualen, Schlafzeiten, Durchschlaf-Voraussetzungen oder Schlafutensilien wie Kopfkissen usw.

Mit der im letzten Kapitel erwähnten Supplementierung von Magnesium-Malat sowie mit L-Tryptophan (einer Aminosäure) kannst du darüber hinaus Einfluss auf die Schlafqualität nehmen.

Fragen und Aufgaben

- **Wie viele Stunden guten Schlaf brauchst du, um dich morgens ausgeruht zu fühlen?**
- **Was kannst du verändern, um deine Schlafqualität zu erhöhen?**
- **Bis wann willst du die Veränderungen vorgenommen haben?**

1.3.3 Selbstwirksame autodidaktische therapeutische Arbeit

Jetzt, wo wir täglich dafür sorgen, dass unser Körper alles bekommt, das er braucht, um über beide Systeme, den Sympathikus und den Parasympathikus, optimal agieren zu können, widmen wir uns der selbstwirksamen autodidaktischen therapeutischen Arbeit. Selbstwirksame therapeutische Arbeit ist eine Möglichkeit, um eigenständig, mithilfe therapeutischer Techniken und Tools, die eigene Lebensführung optimieren zu können. Diese Methode allein ersetzt jedoch keine Psychotherapie.

1.4   Psychohygiene

So wie das Zähneputzen zum Alltag gehört, gehört auch Psychohygiene zu deinem Leben.

Das, was es erschwert, auf unsere Psyche Acht zu geben, ist der gefühlte Zustand der Grenzenlosigkeit. Die Psyche ist nicht sichtbar und greifbar. Sie hat auch keine Grenzen. Es existieren darin nur fließende Übergänge, die gefühlt außerhalb unserer Kontrolle liegen und häufig auch noch unbewusst ablaufen.

Das merken wir daran, wie schwer es ist, wiederkehrende Gedankenschleifen zu durchbrechen und Emotionen und Stimmungen zu kontrollieren.

Es hat uns auch niemand beigebracht, für diesen Teil unseres Seins proaktiv zu sorgen, und zwar täglich.

Wir fühlen oft diffus positive oder diffus negative Emotionen, ohne sie konkret benennen zu können, und fühlen uns oftmals abhängig von äußeren Umständen. Läuft das Leben gut und wir haben eine Glückssträhne, fühlen wir uns gut. Läuft etwas schief, fühlen wir uns schlecht.

Während es uns leichter fällt, physische Distanz zu Menschen und Orten einzunehmen, haben wir die stressauslösenden Situationen noch lange nach dem Ereignis in unserem Kopf und leiden darunter.

Möchtest du lernen, auch diesen Teil deines Lebens selbst zu gestalten und in Takt zu halten, ist gleich deine freiwillige Denkleistung gefragt.

Zuerst aber lassen wir die folgende Frage auf uns wirken: Wohin mit all den Eindrücken, Erfahrungen, Emotionen und Reizen?

Dein neuronaler Arbeitsspeicher ist begrenzt und muss regelmäßig geleert werden. Gleichzeitig möchtest du so wenig verdrängen wie möglich, denn alles, was du verdrängst, kommt mit vielfacher Wucht zu dir zurück und erschlägt dich in einem Moment, in dem du nicht damit rechnest.

Wie kannst du die Informationen und Eindrücke, die du im Alltag sammelst, so speichern, dass sie dir als Ressource dienen?

Nun, die Menschheit bedient sich von jeher der physischen Bilder, um Reize und Erfahrungen genauso wie Haushaltselemente zu sortieren, zu priorisieren und bewusst abrufbar abzulegen.

Im Folgenden möchte ich dir zwei gängige Methoden vorstellen und lade dich ein, sich auch mit diesem Thema autodidaktisch zu beschäftigen, um Methoden der Psychohygiene in deinem Leben zu etablieren, die du langfristig anwenden kannst.

1.4.1 Der Gedächtnispalast

Die Methode des Gedächtnispalastes soll im alten Griechenland von Simonides von Keos erfunden worden sein, der um 500 v. Chr. lebte. Diese Methode hilft dabei, Erlebnisse besser zu erinnern und eine aufgeräumte, klare Psyche zu kreieren. Da Bilder gut erinnert werden können, kann uns diese Visualisierungstechnik sehr gute Dienste leisten.

Vorgehen beim Erbauen deines Gedächtnispalastes:

1. Visualisiere das Schloss, in dem du dein Leben aufbewahren möchtest. Wie sehen die Etagen, Flure, Zimmer, Treppenhäuser aus? Welche Farben gibt es? Wie ist das Licht in deinem Gedächtnispalast? Gibt es Gemälde? Teppiche? Ist es pompös oder minimalistisch eingerichtet?

2. Halte am besten schriftlich fest, welche Erlebnisse und Erfahrungen, positive wie negative, du in deinem Schloss und wo genau wohnen lassen willst. Diese Entscheidung solltest du treffen abhängig davon, welche Emotionen du bewusst tanken möchtest, in dem du bestimmte Zimmer visualisierend begehen wirst.

Welche schmerzvollen Erlebnisse möchtest du hinter welchen Türen aufbewahren?

Wenn ein schmerzhaftes Erlebnis durch äußere Umstände getriggert wird, fühlst du dieselben Emotionen von damals, und das kann überwältigend oder gar lähmend sein.

Jetzt kannst du den Triggermoment folgendermaßen betrachten: Der Trigger öffnet eine Tür in einem bestimmten Raum in deinem Gedächtnisschloss und lässt die Gespenster der Vergangenheit frei. Statt dich als Opfer dieser Erfahrung zu fühlen, kannst du dir nun proaktiv vorstellen, wie du die Gespenster wieder einfängst und sie in dieses schöne Zimmer führst, um die Tür erneut schließen zu können.

So hältst du die anderen Bereiche deines Lebens funktional und bist nicht außer Gefecht gesetzt, wenn traumatische Erlebnisse getriggert werden.

Dieses Ordnungssystem dient auch dazu, das aktuelle Tagesgeschehen entsprechend sortiert aufzubewahren. Du kannst besonders positive Ereignisse in einem eigenen Zimmer wohnen lassen. Es gehört alles hinein, innere Bilder, innere Filmsequenzen, Emotionen, Menschen und Tiere. Ja, auch Emotionen verdienen es, in einem eigenen Zimmer zu leben. Dort kannst du sie besuchen, wann immer du sie brauchst.

Wenn du die Tür zu einem Raum vor deinem inneren Auge aufmachst und das Zimmer bewusst betrittst, tust du das per Choice. Du kannst auf diese Weise in schweren Zeiten die Emotionen der schönen Erlebnisse deiner Vergangenheit bewusst tanken. Dein Gehirn produziert dann die dazu passenden Neurotransmitter und lässt dich so im Hier und Jetzt auftanken und hilft dir, deine Stimmung zu verändern.

1.4.2 Die Kommode

Wem ein Gedächtnispalast zu dekadent vorkommt, kann es mit einer Kommode probieren. Hier gilt dasselbe Vorgehen, nur dass du Schubladen statt Zimmer wählst.

Manche nutzen mehrere Ordnungssysteme für unterschiedliche Erlebnisse, z. B. eine Kommode für die Erlebnisse, die mit der Arbeit zu tun haben, und den Gedächtnispalast für die privaten Erfahrungen.

Eine Kommode hat den Vorteil, dass man sie im Alltag besser visualisieren und alle Schubladen auf einen Blick sehen kann.

Es gibt unzählige Methoden. Du kannst auch deine ganz persönliche Methode kreieren. Hilfreich ist es in jedem Fall, mindestens eine Methode der Psychohygiene zu haben, die dir dazu dient, deine Eindrücke und Erfahrungen zu sortieren und bewusst abzuspeichern. Binde die regelmäßige Nutzung dieser Methoden in ein Ritual oder eine Gewohnheit ein und nutze sie regelmäßig. Wenn du das verinnerlicht hast, wirst du den bevorstehenden Phasen deines Lebens, die dir viel abverlangen, mit mehr Selbstvertrauen entgegenblicken. Ich feiere die Fahrt- und Wartezeiten des Alltags, um in meiner Psyche klar Schiff zu machen.

Um eine reiche innere Welt zu kreieren und sie zu erhalten, benötigst du Konsistenz, Disziplin, Phantasie und Frequenz. Ich empfehle dir, mindestens einmal die Woche durch die Erfahrungen, die du im Laufe der Woche gemacht hast, zu gehen und sie in das von dir gewählte Ordnungssystem einzusortieren, um deinen Arbeitsspeicher zu leeren und offen in die kommende Woche starten zu können. Hinzu kommen Momente, in denen du deinen Gedächtnispalast oder ein anderes Ordnungssystem als Ressource (s. Kapitel »Kenne deine Ressourcen«) nutzt oder bestimmte Erlebnisse bewusst aufarbeiten möchtest.

Fragen und Aufgaben

- **Welches Ordnungssystem hilft dir bei der Psychohygiene?**
- **Bis wann willst du es als tägliche Routine etabliert haben?**
- **Welche Erlebnisse und erlebte Emotionen möchtest du darin aufbewahren, um sie bewusst tanken zu können?**
- **Welche Erlebnisse möchtest du dort sicher verwahren, um funktionsfähig zu bleiben?**

1.5 Negative Emotionen wertschätzen und lernen, sie konstruktiv zu transformieren, statt sie zu vermeiden

Wir haben es in der Kindheit meist von unseren Eltern vorgelebt bekommen: Risiken und negative Emotionen sind zu vermeiden!

Es gibt Umstände, da ist diese Haltung auch tatsächlich nützlich, nämlich wenn es ums Überleben geht.

Für ein glückliches Leben braucht es jedoch eine andere Herangehensweise und andere Kompetenzen, als wenn man versucht zu überleben.

Es gibt einen weiteren Mechanismus des Gehirns, den ich mir für dieses Kapitel aufgehoben habe.

Jetzt soll es darum gehen, dass unser Gehirn auch das in unser Leben zieht, was wir versuchen zu vermeiden und was wir auf gar keinen Fall wollen, weil es ein »Nein« als ein »Ja« versteht.

Das kennst du sicher: Egal wohin du gehst, der Menschenschlag, an dem du schon immer verzweifelt bist, ist schon da und wartet auf dich. Oder du bekommst immer das, was du nicht willst. Erkennst du dich wieder? Dann weil du nicht wusstest, dass für dein Gehirn ein »Nein« ein »Ja« bedeutet. Denkst du darüber nach, was du nicht willst, wirst du es erst recht bekommen. Willst du bekommen, was du willst, musst du lernen, dies so explizit wie möglich zu formulieren (s. Kapitel »Glaubenssätze und Affirmationen«).

Jede Emotion ist wertvoll. Auch führen negative und positive Emotionen im Körper oftmals zu ähnlichen Symptomen. So gehen Euphorie und Angst mit einem erhöhten Herzschlag, Schwitzen und einem Bewegungsdrang einher. Das ist der Grund, warum Patienten, die an Panikattacken leiden, in freudigen Momenten häufig Panikattacken bekommen.

Es geht zum einen darum, bewusst zu entscheiden, was man explizit will. Dann wird dein Gehirn alles, was zu diesem Ziel passt, schrittweise in dein Leben ziehen.

Zum anderen geht es darum, jede Emotion als eine Chance zu begreifen, Selbstwirksamkeit erleben zu können, in dem du sie in etwas Konstruktives wandelst. Große Künstler waren oftmals Personen, die sehr sensibel auf ihre Umwelt reagiert haben und negative Emotionen im Schaffensprozess transformiert haben.

Um ganz konkret zu werden, wir wollen den aktivierenden Part aus Wut nutzen, um für bessere Bedingungen zu kämpfen oder unser Leben umzukrempeln. Negative Emotionen, gut dosiert, sind sehr wertvoll. Der Umgang mit ihnen erfordert eine explizit formulierte Zielsetzung, damit sie nicht überhandnehmen.

So kann eine solche Zielsetzung im Umgang mit negativen Emotionen als Self-Talk (s. Kapitel »Self-Talk-Methode«) aussehen:

»Ich spüre Wut. Wut ist ein angemessenes Gefühl in dieser Situation der Ungerechtigkeit. Ich will meine Wut dazu nutzen, um für mich bessere Bedingungen im Leben zu kreieren. Wenn mir das gelingt, erkenne ich das an dem Gefühl der Dankbarkeit. In zwei Wochen überprüfe ich, ob ich in diesem Prozess vorangekommen bin, Entscheidungen getroffen habe und diese konsequent umgesetzt habe. Ich

nutze Wut, um aktiv zu werden, und lasse sie, nachdem sie
den Zweck erfüllt hat, los.«

Fragen und Aufgaben

- **Welche Emotionen willst du lernen zuzulassen?**
- **Welche Emotionen möchtest du transformieren?**

1.6 Selbstwirksamkeit und proaktiv Entscheidungen treffen

Selbstwirksamkeit beschreibt die Fähigkeit, durch eigene
Entscheidungen und konsequentes Handeln sein Umfeld
in einer konstruktiven Weise beeinflussen zu können und
so ein gesundes Gefühl von Kontrolle in seinem Leben zu
stiften bzw. ein Vertrauen in die eigenen Kompetenzen.

Manipulatives Verhalten davon abgegrenzt, wird in der
Psychologie als eine fehlgeleitete Selbstwirksamkeit betrachtet. Die Grundlage hierfür ist die Annahme, dass das
eigene Handeln nicht ausreicht und deshalb andere in
ihrem Handeln manipuliert werden müssen.

Selbstwirksamkeit lässt sich üben, in dem du Ziele nach
der SMART-Methode (s. Kapitel »Ziele formulieren, visualisieren, fühlen, erreichen und überprüfen«) definierst,
verfolgst und die eigenen Erfolge feierst.

Selbstwirksames Handeln und Selbstvertrauen stehen
im direkten Verhältnis zueinander. Erhöhe die Quote

des selbstwirksamen Handelns, in dem du bewusste Entscheidungen triffst, bewusst Grenzen setzt und auf Ziele hinarbeitest. Damit stärkst du dein Gefühl des Selbstvertrauens in einer gesunden Art und Weise, unabhängig davon wie andere dein Verhalten bewerten. Wir entscheiden uns immer für ein Gesamtpaket und übernehmen die Verantwortung für die positiven wie die negativen Konsequenzen. Nur so können wir lernen, in uns selbst zu vertrauen.

Fragen und Aufgaben

- **Wenn du dich näher mit dem Thema »Selbstwirksamkeit« befassen möchtest, empfehle ich dir, das Konzept der Selbstwirksamkeit von Albert Bandura zu lesen.**
- **Welche Entscheidungen möchtest du in Zukunft proaktiv angehen?**
- **Woran erkennst du, dass du selbstwirksam handelst?**
- **Welche selbstwirksamen Verhalten kannst du für dich in der letzten Zeit identifizieren?**

1.7 Attributionsmuster und Opferrolle

In der Psychologie sprechen wir von Attributionsmustern, wenn wir die Zuschreibung von Ursachen für Erfolg oder Misserfolg betrachten.

Laut Studien sehen depressive Patienten im Falle eines Erfolgs die Ursachen hierfür in äußeren Bedingungen wie z. B. Glück oder Fügung. Während die Ursache für einen Misserfolg bei sich selbst gesehen wird. Das führt häufig zu Schuldgefühlen sowie Gefühlen der Machtlosigkeit. Der Fokus liegt insgesamt auf der Abhängigkeit der eigenen Person von den äußeren Umständen und eben nicht auf dem Gestaltungsspielraum, wie sie die Umstände bewältigen können.

Tony Robbins, ein amerikanischer Bestsellerautor und NLP-Trainer, hat es sehr treffend formuliert: »Where focus goes, energy flows. And where energy flows, whatever you're focusing on grows. In other words, your life is controlled by what you focus on. That's why you need to focus on where you want to go, not on what you fear.« Unser Leben ist also durch das kontrolliert, was wir fokussieren. Da fließt die Energie hin.

Personen, die den Fokus auf äußere Umstände richten und über diese klagen, erleben wenig Selbstwirksamkeit. Sie betrachten sich als Opfer der Umstände. Diese Haltung wird uns oftmals im Rahmen der Sozialisation vorgelebt und wir übernehmen sie unbewusst.

Selbstwirksame Personen schreiben hingegen die Ursache für einen Erfolg den eigenen Kompetenzen zu. Sie fokussieren also damit die eigenen Kompetenzen sowie ihren Gestaltungsspielraum, wie sie mit einem Ereignis umgehen wollen. Diese Betrachtungsweise führt zu einer Dopaminausschüttung im Gehirn, einer sogenannten

Belohnung durch das Belohnungszentrum, erhöht das Selbstvertrauen und sorgt dafür, dass auch in Zukunft proaktives Handeln und ein Kompetenzerwerb erfolgen.

Es ist an der Zeit, den eigenen Umgang mit Unzufriedenheit zu beobachten und zu bestimmen, worauf dein Fokus gerichtet sein soll.

Wenn wir emotional überfordert sind und Stress empfinden, ist unser Fokus gefangen in unserem Inneren. Das merken wir daran, dass wir nicht durchlässig für Reize von außen sind, weil wir im Verteidigungsmodus sind und alles von außen abwehren. Unser Fokus ist stattdessen auf unser stetig kreisendes Gedankenkarussell gerichtet, das wir gefühlt nicht willentlich stoppen können.

Nur wenn wir keine Angst haben und nicht gestresst sind, sind wir durchlässig für Reize von außen. Hier traut sich unser Fokus »vor die Tür zu gehen und die Welt neugierig zu explorieren«. Wer lange im Zustand der Anspannung und Sorge lebt, kann nicht mehr erkennen, dass sein Fokus sehr limitiert und im Inneren gefangen ist.

Hier eine Übung: Setz dich hin und wähle ein beliebiges Objekt, das du in der Entfernung von ca. 2-3 Metern siehst. Beobachte es und beschreibe so detailliert wie möglich alle Eigenschaften, die du wahrnehmen kannst. Nimm dir dafür 10 Minuten Zeit. Schweifen deine Gedanken ab und du endest im Gedankenkarussell? Dann ist dein Fokus im Inneren gefangen.

- Das festzustellen, ist der erste Schritt.
- Der zweite Schritt ist die Entscheidung zu treffen, den Fokus auf das Außen zu richten und ihn immer und immer wieder von den Gedanken zum Objekt zu führen, welches sich außerhalb von dir befindet.
- Mach es zu einem Ritual, das du täglich vollziehst. So wirst du der Herr deiner Aufmerksamkeit.
- Weitere Übungen sind im Internet unter dem Schlagwort »Achtsamkeit« zu finden.

Fragen und Aufgaben

- **Welche Attributionsmuster hast du, wenn etwas Positives in deinem Leben passiert?**
- **Und welche bei negativen Ereignissen?**
- **Beobachte dich selbst im Alltag und identifiziere eigene Muster, wie du mit Unzufriedenheit umgehst.**
- **Wie musst du das, was schiefläuft, bewerten, um deine Selbstwirksamkeit zu erhöhen?**
- **Woran erkennst du im Alltag, dass du dein Muster verändert hast?**
- **Trainiere wahrzunehmen und zu bestimmen, wo sich dein Fokus befindet.**
- **Kannst du zu jedem Zeitpunkt beantworten, worauf dein Fokus gerichtet ist?**

1.8   Intrinsische und extrinsische Motivation verstehen und kreieren

Laut Bandura und Locke 2003 verändert sich das Verhältnis von extrinsischer Motivation, die auf Belohnungen und Bestätigung im Außen ausgelegt ist, und intrinsischer Motivation, die mitunter mit inneren Zielen und Werten verknüpft ist, im Laufe der Entwicklung vom Kindes- zum Erwachsenenalter.

Wie lernt ein Kind außerhalb der genetisch angelegten Programme, was es wert ist, Mühe zu investieren?

Die wesentlichen Prozesse für ein starkes »Warum?« werden laut Bandura im Kindesalter durch Lob, materielle Belohnungen und Liebe der Eltern angetrieben und sind mit extrinsischer Motivation assoziiert. Hierfür bilden Konditionierungsprozesse (Kopplung von Umgebungsreizen und Emotionen) die Lerngrundlage. Das Lernen am Modell, also das Beobachten und Nachahmen von Verhaltenssequenzen und Reaktionen der Bezugspersonen, führt zum Verinnerlichen des Wertesystems. Das Kind lernt auf diese Weise das eigene Verhalten selbst zu bewerten und schafft so die Grundlage für die Entwicklung einer intrinsischen Motivation. Dadurch vollziehen sich zwei weitere Prozesse:

- Die Fähigkeit, selbst Ziele zu setzen und diese in Etappenziele gliedern zu können.
- Die Fähigkeit zur Impulskontrolle, dem sogenannten Belohnungsaufschub (jetzt ein Opfer bringen, um später davon zu profitieren).

Auch das erwachsene Gehirn braucht Motivationsformen, nur in einem anderen Verhältnis als in der Kindheit. Dies variiert zudem abhängig von Sozialisation und Persönlichkeitsausprägungen (z. B. bei introvertiert sein vs. extrovertiert sein).

Wie werden diese beiden Motivationsformen neuronal repräsentiert?

Laut den Petscann-Studien von Dr. Andrew Huberman, einem Neurowissenschaftler der Stanford Universität, gibt es zwei Wege:

- Das dopaminerge System, das über den Sympathikus, das aktivierende System im Körper, wirkt.
- Das serotoninerge System, das über den Parasympathikus, das beruhigende System im Körper, wirkt.

Dabei repräsentiert Dopamin eher die Orientierung im Außen und die extrinsische Motivation, während das serotoninerge System eher aktiv wird, wenn wir kongruent zu unseren Werten handeln.

Im Unterschied zum dopaminergen System belohnt das serotoninerge System, anstelle mit einem Hochgefühl, eher mit dem Gefühl von Zufriedenheit und Dankbarkeit. Auch bei der Zielerreichung wird Dopamin ausgeschüttet, ebenso wie bei der Antizipation einer Zielerreichung. Beide Neurotransmitter sind also zur selben Zeit im Blutkreislauf doch ihr Verhältnis zueinander variiert abhängig von der Orientierung im Innen oder Außen. Natürlich sind auch weitere Neurotransmitter sowie Hormone in beiden Prozessen involviert.

Der Konsum von Substanzen wie z. B. Amphetaminen kann das Belohnungssystem nachhaltig stören. Folglich ist es sehr schwierig, eine Funktionsfähigkeit im Alltag wiederherzustellen, indem das Belohnungssystem erneut auf Alltagsprozesse umkonditioniert wird.

Es braucht jedoch nicht den Konsum von Substanzen, um das Belohnungssystem zu irritieren. Der Zustand eines Burnouts entsteht, weil eben intrinsische und extrinsische Motivationsprozesse über einen längeren Zeitraum nicht im richtigen Verhältnis gepflegt wurden. So führt der Modus des passiven Erfüllens der Erwartung anderer, im Unterschied zum aktiven Mitgestalten, auf Dauer zu vermehrten Gefühlen von Gleichgültigkeit und Machtlosigkeit und kann schlimmstenfalls in einer Depression münden.

Was hingegen zum selbstwirksamen Erleben beiträgt, ist der Fokus darauf, dass die Tätigkeiten mit den eigenen Werten korrelieren. Du kannst beide Motivationsprozesse in deinen Alltag integrieren, indem du darauf achtest, dass du dich sowohl mit schönen Erlebnissen belohnst als auch das Gefühl feierst, für deine Werte eingestanden zu sein. So sorgst du für ein inneres Gleichgewicht und dafür, dass die Speicher deiner Neurotransmitter nicht ausbrennen.

Fragen und Aufgaben

- Welche Prozesse in deinem Leben werden extrinsisch belohnt?
- Welche intrinsisch?
- Wie kann es dir gelingen, beide Formen der Motivation in deinen Alltag zu integrieren?

1.9 Shortcuts und verzerrte Wahrnehmungsmuster identifizieren

Um im Alltag schnell handlungsfähig zu sein und uns orientieren zu können, agieren wir oft unbewusst, vermeiden nach Möglichkeit, was sich diffus unangenehm anfühlt und suchen auf, was sich diffus positiv anfühlt. Um Energie zu sparen und die Zahl der Informationen, die wir verarbeiten, einzugrenzen, nutzen wir sogenannte Shortcuts, die zu zahlreichen Verzerrungseffekten der inneren Bewertungen von Menschen, Situationen und Erfahrungen führen können.

Im Folgenden gehe ich auf die häufigsten Wahrnehmungsfehler ein.

1.9.1 Primacy-Effekt

Als Primacy-Effekt bezeichnet man den Umstand, dass die ersten Informationen, die Beurteiler über eine Person bekommen oder wahrnehmen, besonders gut behalten

werden. Sie können daher einen unverhältnismäßig starken Einfluss auf den Gesamteindruck haben und damit
einen Beurteilungsfehler bewirken. Z. B.: »Ich erinnere
mich nur daran, dass Sie sehr durchsetzungsstark auf mich
wirkte. Schließlich hatte sie einen festen Händedruck.«

1.9.2   Halo-Effekt

Der Halo-Effekt ist eine aus der Sozialpsychologie be-
kannte kognitive Verzerrung. Dabei überstrahlen einige
Eigenschaften einer Person andere Eigenschaften. Z. B.:
»Er wirkt sehr eloquent. Dass der Vortrag nicht so gut
gelaufen ist, liegt bestimmt nur daran, dass es nicht sein
Thema war.«

1.9.3   Simular to me-Effekt

Menschen, die uns ähnlich sind, finden wir sympathischer.
Und wir mögen Personen weniger, die uns besonders un-
ähnlich sind. Z. B.: »Er hat an derselben Universität stu-
diert wie ich. Er ist bestimmt für diesen Job hervorragend
geeignet.«

1.9.4   Verallgemeinerung und Vorurteile

Dieser Effekt entsteht, wenn wir von den Eigenschaften
einiger weniger Personen auf eine Gruppe von Menschen
schließen.

Z. B.: »Handwerker sind unzuverlässig und hauen einen oft übers Ohr.«

1.9.5 Implizite Theorien

Implizite Theorien sind Annahmen zu Ursachen, die wir unbewusst oder bewusst in unserem Kopf haben und die wir nicht auf ihren Wahrheitsgehalt hin überprüfen.

Möglicherweise kommt dir das bekommt vor: Jemand berichtet dir von seinem Problem und du hast eine Annahme, was die Ursache hierfür sein kann und wie man vorgehen sollte, um sie zu lösen? Dann schilderst du deinen Lösungsansatz und die Person fühlt sich nicht verstanden und lehnt auch deinen Vorschlag ab? Dann hat es vermutlich damit zu tun, dass du in der Annahme, die Ursachen zu kennen, keine offenen Detailnachfragen gestellt hast und nicht wirklich versucht hast, das Problem der Person zu verstehen und durch seine Augen zu betrachten. So hast du nichts unternommen, um deine Annahmen zu validieren. Viele Konflikte entstehen, weil wir etwas implizit annehmen, glauben, dass es stimmt, und unser Verhalten danach ausrichten. Das funktioniert solange gut, wie wir nicht mit dem implizit gesteuerten Verhalten anderer konfrontiert werden. Dann aber fühlen wir uns oft missverstanden und nicht gesehen. Wenn wir uns nicht erklären können, warum der andere uns übergeht, dann tut er dies meist, weil seine impliziten Theorien sich naturgegeben von deinen unterscheiden. Wer verstehen will, wo das Aneinander-Vorbeireden beginnt, sollte seine eigenen Annahmen sowie die Motivation des eigenen Handelns hinterfragen und die Annahmen und Motivation des anderen explizit mithilfe von offenen Fragen und Paraphrasierungen (verstehe ich richtig, dass ...?) erfragen.

Fragen und Aufgaben

- **Wenn wir darum wissen, dass das Gehirn mithilfe von Shortcuts Energieersparnis erwirken und unsere Funktionalität erhöhen will, aber damit letztlich verhindert, dass wir uns eine valide und differenzierte Meinung bilden können, indem wir den Wahrheitsgehalt eben nicht überprüfen, dann machen wir es uns ab sofort zum Ziel, nach den Informationen zu suchen und zu fragen, die unsere eigenen Hypothesen kritisch hinterfragen, anstelle sie zu bestätigen.**
- **Nur indem wir uns die richtigen Fragen stellen lernen, sorgen wir dafür, dass uns nicht unnötig Chancen und neue Perspektiven durch die Lappen gehen.**
- **Welche Shortcuts beobachtest du bei dir selbst?**
- **Wie kann es dir gelingen, deine Annahmen zu validieren?**

1.10 Glück ist eine Haltung

Glück ist nicht das Ende einer Sehnsucht, sondern eine bestimmte Art der Haltung, dem Leben zu begegnen, für die du dich entscheidest. Es ist die Entscheidung, seinen

Fokus auf das Gute zu lenken, das schon in deinem Herzen ganz von alleine wohnt. Niemand als du selbst ist für dein Glück verantwortlich, und niemand als du selbst kann für dich entscheiden, dass du glücklich bist.

Das Glück ist schon da. Wir müssen nicht danach suchen, denn es wohnt in deinem Herzen. Das Gute umgibt dich jederzeit auch dann, wenn du von einem schlechten Gefühl überwältigt bist und es dir deshalb schwerfällt, das Schöne, das immer da ist, zu erkennen.

Das Gute ist immer da. Das, was du tun musst, ist, die Entscheidung zu treffen, den Fokus davon wegzulenken, was dich blockiert, und auf das zu lenken, das Liebe, Freude, Leichtigkeit und Verbundenheit stiftet. Hierzu musst du jedoch deine Stimmung ändern. Wie das geht, schauen wir uns im Kapitel »Kreieren von Stimmungen« an.

Emotionen fühlen sich oftmals überwältigend an, doch sie sind alle vergänglich.

Du hast ein Gefühl, du bist nicht dieses Gefühl. Du bist so viel mehr als dieses eine Gefühl. Wenn man das verstanden hat, kann man selbst entscheiden, ob man sich von bestimmten Gefühlen mitreißen lässt, weil man sie intensiv spüren will, oder ob man sie vorüberziehen lässt wie Wolken, ohne sich von ihnen aufwiegeln zu lassen. Ganz gleich wie intensiv sie sich anfühlen und dich einnehmen, sie sind vorübergehend und sie bestimmen nicht dein Leben. Sie sind nur ein kleiner Bruchteil dessen, was du im Alltag erlebst, und sie werden mit Sicherheit vorübergehen. Wenn

du von einer Emotion wie Enttäuschung oder Wut eingenommen bist und das Gefühl hast, sie nicht loslassen zu
können, hilft es, sich genau das bewusst zu machen: »Ich
werde heute im Laufe des Tages auch andere Emotionen
fühlen und Erlebnisse haben.« Die Fähigkeit, Emotionen
dankbar ziehen zu lassen, erlaubt dir, Glück häufiger wahrnehmen zu können.

Fragen und Aufgaben

- **Wie kann es dir gelingen, Emotionen im Alltag
  schneller vorbeiziehen zu lassen?**
- **Welche Emotionen möchtest du intensiv erleben?**
- **Wie kann es dir gelingen, den Fokus auf das Gute zu
  lenken in einem Moment, in dem du negative Emotionen spürst?**

1.11   Die Macht der Symbolik

1.11.1   Assoziatives Gehirn

Weil das Gehirn assoziativ tickt und das Geschehen mit
allen Eindrücken deiner Sinnesempfindungen im jeweiligen Augenblick abspeichert, können bewusst eingesetzte
Symbole, Bilder und Metaphern durch das Triggern von
Assoziationen emotionale Blockaden positiv beeinflussen.

So kann ein Blick auf fließendes Wasser helfen, einen
Sachverhalt, der sehr groß und beängstigend wirkte, zu
etwas, das vergänglich ist und seinen Schrecken verliert, zu
transformieren. An dieser Stelle möchte ich ausdrücklich

vermerken, dass Probleme durch das gezielte Setzen von Assoziationen nicht gelöst werden können. Hier geht es allein darum, mithilfe von Bildern, Symbolen und Methaphern den Umgang mit und die Verarbeitung von Problemen positiv zu beeinflussen.

Das Spazieren in der Natur wirkt aus verschiedenen Gründen heilsam, zum einen aufgrund dessen, dass das Gehirn Prozesse und Zustände in der Natur beobachtet und so unsere inneren Prozesse und Zustände in ein konstruktives Verhältnis zueinander setzt, weil es das Bestreben hat, das Innere an die Umgebung anzugleichen.

Zum anderen, weil wir Sauerstoff und Licht tanken und durch letzteres der Körper Vitamin D produziert, welches für viele Prozesse im Körper benötigt wird und, wie wir bereits wissen, auch ein Baustein für den Botenstoff Serotonin ist, der den Parasympathikus steuert und für das Gefühl von Zufriedenheit wichtig ist.

Zum dritten, weil die Augenbewegungen, die die Umgebung von links nach rechts und umgekehrt scannen, während wir uns in einer Umgebung orientieren, Blockaden lösend wirken und ein Gefühl von Selbstwirksamkeit verstärken. Dieser Mechanismus wird in der EMDR-Methode bewusst genutzt.

1.11.2 EMDR-Methode

EMDR steht für Eye Movement Desensitization and Reprocessing, was auf Deutsch »Desensibilisierung und Verarbeitung durch Augenbewegung« bedeutet.

Dr. Francine Shapiro (USA) entwickelte diese Psychotherapieform zur Behandlung von Traumafolgestörungen Ende der 80er Jahre. Mit der EMDR-Methode können Traumafolgestörungen bei Erwachsenen sowie Kindern und Jugendlichen behandelt werden. In Deutschland wird EMDR etwa seit 1991 angewendet.

Die Wirksamkeit von EMDR ist durch zahlreiche wissenschaftliche Studien belegt.

Ein zentrales Element der EMDR-Behandlung ist die Nachverarbeitung der belastenden Erinnerung unter Nutzung bilateraler Stimulation: Die Patientin bzw. der Patient folgt den Fingern der Therapeutin mit den Augen, während diese ihre Hand abwechselnd nach rechts und links bewegt. Währenddessen leitet die Therapeutin den Patienten an, über das traumatische Ereignis zu sprechen und sich in die Situation hineinzudenken.

Diese Stimulation unterstützt das Gehirn, die eigenen Selbstheilungskräfte zu aktivieren, die belastenden Erinnerungen neu konditioniert abzuspeichern. Dazu nutzt das Gehirn den Mechanismus der Orientierung in der Umgebung mithilfe horizontal verlaufender Augenbewegungen. Dieser Mechanismus verleiht dir das Gefühl, alles unter Kontrolle zu haben. Genau das machen wir uns zu Nutze.

Kurz gesagt, die in diesem Setting wiedererlebte

traumatische Situation wird nun mit dem Gefühl von Kontrolle und nicht länger Machtlosigkeit abgespeichert. Dies fördert das Gefühl von Selbstwirksamkeit und führt zu einer reduzierten Intensität des Traumaerlebens.

Fragen und Aufgaben

- **Welche Symbole, Metaphern und innere Bilder helfen dir in deinem Alltag?**
- **Welche neuen Symbole, Metaphern und Bilder könnten dich in deinem Prozess unterstützen?**
- **Wie kann es dir gelingen, diese in deinem Bewusstsein zu verankern?**

1.12 Das Stufenmodell der psychosozialen Entwicklung nach Erikson nutzen, um eigene Entwicklungsdefizite zu identifizieren

Im Grunde beschreibt das Erikson-Stufenmodell die Entwicklung der menschlichen Identität. Ausgangspunkt sind die Wünsche und Bedürfnisse, die du schon in deiner Kindheit hegst. Diese entwickeln sich permanent weiter, denn die Anforderungen, denen du in deiner sozialen Umwelt gerecht werden sollst, verändern sich, je älter du wirst.

Demzufolge veränderst auch du dich, um genau diese Anforderungen erfüllen zu können. Natürlich kommt es dabei auch zu dem einen oder anderen Konflikt oder sogar zu einer Krise. Hierbei kann es passieren, dass, wenn du einen Konflikt nicht lösen kannst, du auch nicht im

Stande bist, die erforderlichen Kompetenzen auszubilden. So entsteht ein Defizit, das dir dann erschwert, die nächste Stufe erfolgreich zu meistern. Es kann also zu einer Ansammlung von Defiziten kommen, die dann auch deine psychosoziale Entwicklung beeinträchtigen kann.

Schließlich sind die Anforderungen, denen du in den einzelnen Phasen deines Lebens gerecht werden sollst, und die Wünsche und Bedürfnisse, die du hegst, zwei unterschiedliche Paar Schuhe. Manchmal widersprechen sie sich und dann ist es deine Aufgabe, eine Brücke zu bauen und den Konflikt zu überwinden. Genau diese Situationen sorgen dafür, dass du dich charakterlich weiterentwickelst.

Im Folgenden werden die Stadien der Entwicklung nach Erikson erläutert.

Du kannst während du das liest, deine eigenen Defizite identifizieren und notieren.

Der folgende Text ist entnommen aus: (Wikipedia, Stufenmodell der psychosozialen Entwicklung, Wikipedia, die freie Enzyklopädie, (2024), online, Stand (06.02.2024), URL: https://de.wikipedia.org/w/index.phptitle=Stufenmodell_ der_psychosozialen_Entwicklung&oldid=241360454)

1.12.1 Stadium 1: Ur-Vertrauen vs. Ur-Misstrauen (1. Lebensjahr)

»Ich bin, was man mir gibt.«
Das Gefühl des Ur-Vertrauens bezeichnet Erikson (1973) als ein »Gefühl des Sich-Verlassen-Dürfens«. Hierzu ist das Kind auf die Verlässlichkeit der Bezugspersonen

angewiesen. *Die Bindung zu der Mutter und die damit ver-*
bundene Nahrungsaufnahme spielt eine bedeutende Rolle,
da sie als erste Bezugsperson die Welt repräsentiert. Werden
dem Kind Forderungen nach körperlicher Nähe, Sicherheit,
Geborgenheit, Nahrung etc. verweigert, entwickelt es Be-
drohungsgefühle und Ängste (wie z. B. vor Feuer oder be-
stimmten Tieren), da eine weitgehende Erfüllung dieser Be-
dürfnisse lebenswichtig ist. Außerdem verinnerlicht es das
Gefühl, seine Umwelt nicht beeinflussen zu können und ihr
hilflos ausgeliefert zu sein. Hier entsteht die Gefahr der Eta-
blierung eines Ur-Misstrauens und damit eines Gefühls
von Machtlosigkeit. Es können infantile Ängste des »Ver-
lassenseins« und »Verlassenwerdens« entstehen, die das
Bindungsverhalten zur Bezugsperson stark beeinflussen.
Fixierung durch zu starke orale Frustration zeigt sich in
oralen Charakterzügen wie Reizhunger, Gier, Leere-Ge-
fühle, Depression, Ur-Misstrauen, starken Abhängigkeits-
wünschen.

1.12.2 Stadium 2: Autonomie vs. Scham und Zweifel (2. bis 3. Lebensjahr)

»Ich bin, was ich will.«
Erikson bezeichnet dieses Stadium als »entscheidend für
das Verhältnis zwischen Liebe und Hass, Bereitwilligkeit
und Trotz, freier Selbstäußerung und Gehemmtheit«. Be-
schrieben werden die zunehmende Autonomieentwicklung
des Kindes und ihre Bedeutung für die Manifestierung
eines positiven Selbstkonzeptes bzw. einer Identität. Die Be-
dingung für Autonomie wurzelt in einem festen Vertrauen

in die Bezugspersonen und sich selbst, setzt also die Be-
wältigung der Phase »Vertrauen versus Misstrauen« (vgl.
Stadium 1) voraus. Das Kind muss das Gefühl haben, ex-
plorieren oder seinen Willen durchsetzen zu dürfen, ohne
dass dadurch der erworbene »Schatz« des Vertrauens-
könnens und Geborgen-Seins in Gefahr gerät. Hier spielt
Erikson zufolge die Emotion Scham eine wichtige Rolle.
Die weitgehende oder permanente Einschränkung der ex-
plorativen Verhaltensweisen des Kindes führt dazu, dass
es seine Bedürfnisse und Wünsche als schmutzig und nicht
akzeptabel wahrnimmt. Was sich somit beim Kind etab-
liert, ist schließlich Scham und der Zweifel an der Richtig-
keit der eigenen Wünsche und Bedürfnisse. Fixierungen
ergeben sich durch strenge Erziehung und zeigen sich in
zwanghaften Charakterzügen: kleinlich oder geizig in
Bezug auf Liebe, Zeit und Geld; Betonung von Recht und
Ordnung, Perfektionismus, Pünktlichkeit und Fleiß; früh-
reifes strenges Gewissen, sehr selbstkritisch; Unsicherheit
und Zweifel an sich selbst; Putzzwang oder Waschzwang.

1.12.3 Stadium 3: Initiative vs. Schuldgefühl (4. bis 6. Lebensjahr)

»Ich bin, was ich mir vorstellen kann, zu werden.«
Findet das Kind mit vier oder fünf Jahren zu kei-
ner bleibenden Lösung seiner Autonomieprobleme, steht
es Erikson zufolge bereits vor der nächsten Krise. Er legt
hier seinen Fokus stark auf die Bewältigung oder Nicht-
bewältigung des »Ödipuskomplexes«. Die symbiotische
Beziehung zwischen Mutter und Kind öffnet sich, und das

Kind erkennt die Bedeutung anderer Personen im Leben der Mutter. Weiter geht es in erster Linie um eine gesunde Meisterung der kindlichen Moralentwicklung. Die Grundlage für die Entwicklung des Gewissens ist gelegt, das Kind fühlt sich unabhängig von der Entdeckung seiner »Missetaten« beschämt und unwohl. Das Gewissen des Kindes kann primitiv, grausam und starr werden, wie sich gerade am Beispiel von Kindern beobachten lässt, die sich mit einer Abschnürung ihrer Triebe durch Verbote abfinden mussten. Gegebenenfalls verinnerlicht das Kind die Überzeugung, dass es selbst und seine Bedürfnisse dem Wesen nach schlecht seien.« Im Gegenzug dazu beschreibt Erikson das Kind, welches diese Krise bewältigen kann, als begleitet vom Gefühl »ungebrochener Initiative als Grundlage eines hochgespannten und doch realistischen Strebens nach Leistung und Unabhängigkeit«. Fixierungen können durch Angst und Schuldgefühle entstehen, die dann zu einer Selbsteinschränkung führen, gemäß den eigenen Fähigkeiten, Gefühlen, Wünschen zu leben. Es kann auch zu einer Überkompensation kommen, ständig initiativ sein zu müssen, als bestünde ihr Wert nur in der eigenen Leistung. Schuldkomplexe, Übergewissenhaftigkeit sowie hysterische Symptome können ebenso entstehen.

1.12.4 Stadium 4: Werksinn vs. Minderwertigkeitsgefühl (6. Lebensjahr bis Pubertät)

»Ich bin, was ich lerne.«
   Kinder in diesem Alter wollen zuschauen, beobachten, teilnehmen und mitmachen; sie wollen, dass man ihnen

zeigt, wie sie sich mit etwas beschäftigen und mit anderen zusammenarbeiten können. Das Bedürfnis des Kindes, etwas Nützliches und Gutes zu machen, bezeichnet Erikson als Werksinn bzw. Kompetenz. Kinder wollen nicht mehr »so tun, als ob« – jetzt spielt das Gefühl, an der Welt der Erwachsenen teilnehmen zu können, eine große Rolle. Sie wollen etwas herstellen (z. B. mit Knetmasse) und dafür Anerkennung erhalten, ebenso für ihre kognitiven Leistungen. In dieser Phase kann sich im Kind ein Gefühl der Unzulänglichkeit und Minderwertigkeit entwickeln, zum Beispiel wenn der Werksinn des Kindes überstrapaziert wird. Überschätzung – egal ob vom Kind oder von seiner Umwelt ausgehend – kann zum Scheitern führen, Unterschätzung zum Minderwertigkeitsgefühl. Fixierungen können entstehen: zum einen Ängste (Angst vor dem Arbeiten und Leisten, Angst vor Versagen) und zum anderen Überkompensation (Arbeits- und Pflichtversessenheit, um Anerkennung durch Arbeit und Leistung zu erhalten).

1.12.5 Stadium 5: Identität vs. Identitätsdiffusion (Jugendalter)

»Ich bin, was ich bin.«

Identität bedeutet, dass man weiß, wer man ist und wie man in diese Gesellschaft passt. Aufgabe des Jugendlichen ist es, all sein Wissen über sich und die Welt zusammenzufügen und ein Selbstbild zu formen, das für ihn und die um ihn existierenden, also normgebenden, gesellschaftlichen Konventionen tolerabel ist. Seine soziale Rolle gilt es zu finden. Ist eine Rolle zu strikt, die Identität damit *zu stark, kann das zu Intoleranz gegenüber Menschen mit anderen Gruppenneigungen führen, die dann im Grunde »eliminiert« werden müssen, weil der Druck der eigenen Peer-Group zu groß wird und man »den anderen nicht akzeptieren kann«. Mit einer noch nicht gefestigten eigenen Identität kann der Jugendliche sich im seltensten Fall von der Meinung seiner Peer-Group absetzen und seine eigene Meinung bilden. Schafft der Jugendliche es nicht, seine Rolle in der Gesellschaft und seine Identität zu finden, führt das nach Erikson zu Zurückweisung. Menschen mit dieser Neigung ziehen sich von der Gesellschaft zurück und schließen sich unter Umständen Gruppen an, die ihnen eine gemeinsame Identität anbieten. Wird dieser Konflikt erfolgreich ausbalanciert, so mündet das in der Fähigkeit der Treue. Obwohl die Gesellschaft nicht perfekt ist, kann man in ihr leben und seinen Beitrag leisten, sie zu verbessern. (Das Gleiche gilt für zwischenmenschliche Beziehungen.) Fixierungen zeigen sich in unbefriedigender Identität durch Unruhe, ewige Pubertät und vorschnelle Begeisterung.*

1.12.6   Stadium 6: Intimität und Solidarität vs. Isolation (frühes Erwachsenenalter)

»Wir sind, was wir lieben.«

Aufgabe dieser Entwicklungsstufe ist es, ein gewisses Maß an Intimität zu erreichen, anstatt isoliert zu bleiben. Die Identitäten sind gefestigt, und es stehen einander zwei unabhängige Egos gegenüber. Es gibt viele Dinge im modernen Leben, die dem Aufbau von Intimität entgegenstehen (z. B. Betonung der Karriere, großstädtisches Leben, die zunehmende Mobilität). Wird zu wenig Wert auf den Aufbau intimer Beziehungen (was auch Freunde mit einbezieht) gelegt, kann das nach Erikson zur Exklusivität führen, was heißt, sich von Freundschaften, Liebe und Gemeinschaften zu isolieren. Wird diese Stufe erfolgreich gemeistert, ist der junge Erwachsene fähig zur Liebe. Damit meint Erikson die Fähigkeit, Unterschiede und Widersprüche in den Hintergrund treten zu lassen. Fixierungen können sich zeigen in: Selbst-Bezogenheit und sozialer Isolation oder Selbstaufopferung.

1.12.7 Stadium 7: Generativität vs. Stagnation und Selbstabsorption (Erwachsenenalter)

»Ich bin, was ich bereit bin zu geben.«

Generativität bedeutet die Liebe in die Zukunft zu tragen, sich um zukünftige Generationen zu kümmern, eigene Kinder großzuziehen. Erikson zählt dazu nicht nur eigene Kinder zu zeugen und für sie zu sorgen, er zählt dazu auch das Unterrichten, die Künste und Wissenschaften und soziales Engagement. Also alles, was für zukünftige Generationen »brauchbar« sein könnte. Stagnation ist das Gegenteil von Generativität: sich um sich selbst kümmern und um niemanden sonst. Zu viel Generativität heißt, dass man sich selbst vernachlässigt zum Wohle anderer. Stagnation führt dazu, dass andere uns ablehnen und wir andere. Niemand ist so wichtig wie wir selbst. Wird die Phase erfolgreich abgeschlossen, hat man die Fähigkeit zur Fürsorge erlangt, ohne sich selbst dabei aus den Augen zu verlieren.

Fixierungen können sich zeigen: in einer übermäßigen Bemutterung, in Leere und Langweile oder in zwischenmenschlicher Verarmung.

1.12.8 Stadium 8: Ich-Integrität vs. Verzweiflung (reifes Erwachsenenalter)

»Ich bin, was ich mir angeeignet habe.«
Der letzte Lebensabschnitt stellt den Menschen vor die Aufgabe, auf sein Leben zurückzublicken. Anzunehmen, was er getan hat und geworden ist, und den Tod als sein Ende nicht zu fürchten. Angst vor dem Tod führt zur Verzweiflung. Setzt sich der Mensch in dieser Phase nicht mit Alter und Tod auseinander (und spürt nicht die Verzweiflung dabei), kann das zur Anmaßung und Verachtung dem Leben gegenüber führen (dem eigenen und dem aller). Wird diese Phase jedoch erfolgreich gemeistert, erlangt der Mensch das, was Erikson Weisheit nennt – dem Tod ohne Furcht entgegensehen, sein Leben annehmen und trotz der Fehler das Glück darin sehen können. Fixierung zeigt sich in Abscheu vor sich und anderen Menschen oder Todesfurcht.

Aus der Arbeit mit psychisch kranken Menschen weiß ich, dass ich dieses Modell nicht oft genug hervorheben kann.

Oftmals muss man sich nicht die Frage stellen, wie alt jemand ist und welche Kompetenzen wir von einer Person diesen Alters erwarten. Sondern in welcher Entwicklungsstufe ist die Person stagniert und wann im Laufe seines

Lebens sind traumatische Ereignisse eingetreten oder aber Konflikte, die nicht gelöst wurden und somit zu Defiziten geführt haben. Defizite in den Kompetenzen können verhindern, dass die folgende Entwicklungshürde genommen wird, weil die Kompetenzen hierbei aufeinander aufbauen.

Genau dort, wo das erste Defizit entstanden ist, muss ich die Person abholen. Die gute Nachricht ist, die Defizite lassen sich zu einem späteren Zeitpunkt im Lebensverlauf bearbeiten.

Oftmals beginnt es bei der frühkindlichen Bindung zur Mutter. Denn wir wissen, dass depressive Mütter die Bedürfnisse ihrer Kinder oftmals falsch deuten und damit nicht erfüllen, was viele Konsequenzen nach sich zieht wie mitunter eine instabile Bindung oder das Nicht-spüren-Können der eigenen Bedürfnisse auf Seiten des Kindes. Dann arbeitet man mit dem Patienten genau daran, die ersten Defizite zu lösen, und arbeitet sich dann Stufe für Stufe hoch. So holt man die Person dort ab, wo sie steht, und begleitet sie im Prozess des stellvertretenden Kompetenzerwerbs.

Diese Perspektive kann uns helfen, unsere Defizite selbst einzuordnen, sie zu priorisieren und systematisch anzugehen.

Fragen und Aufgaben

- **Mache eine Liste mit einer ehrlichen Einschätzung der Defizite, die du bei dir siehst, und priorisiere** diese abhängig davon, welche du zuerst bearbeiten willst.

- Wie kannst du die Bearbeitung der Defizite angehen? Wie soll das Ziel aussehen, wenn du das Defizit bearbeitet hast?
- Woran wirst du erkennen, dass du das Defizit bearbeitet hast?
- Was brauchst du dafür?
- Bis wann möchtest du das Defizit bearbeitet haben?

Die Bearbeitung dieser Defizite wird dir helfen, ein stabiles Selbstkonzept zu konstruieren.

1.13 Soziale- und emotionale Kompetenzen

»Ich habe Emotionen. Ich bin nicht meine Emotionen.«
Der Mensch unterscheidet sich vom Tier in der Fähigkeit, mithilfe von Mitgefühl, Analysefähigkeit und Antizipation aus den Fehlern anderer lernen zu können.

Diese Kompetenz benötigt aktive Spiegelneurone (Nervenzellen/Neurone im Gehirn, die aktiviert werden, wenn man eine Handlung durchführt, sie beobachtet oder auch nur über sie nachdenkt. Spiegelneurone haben verschiedene Aufgaben, die für das Zusammenleben in einer Gemeinschaft notwendig sind). Diese sind im Präfrontalkortex (der Anteil des Gehirns, der sich hinter der Stirn verbirgt und mitunter für Impulskontrolle und Antizipationsfähigkeit zuständig ist) verortet und machen Empathie, die

Fähigkeit sich in andere einzufühlen, erst möglich, indem sie aktiv werden, sobald wir die Mimik unseres Gegenübers sehen.

Spiegelneurone werden durch den Reflex, die Mimik unseres Gegenübers zu imitieren, aktiviert. Denn mit einer bestimmten Aktivierung der Gesichtsmuskeln gehen bestimmte Ausschüttungen von Neurotransmittern einher.

Lächeln wir, selbst dann, wenn es ein Fake-Lächeln ist, indem wir einfach die entsprechende Gesichtsmuskulatur aktivieren, schüttet unser Gehirn Endorphine aus. Das ist der Grund, warum Lachyoga tatsächlich funktioniert.

Haben wir einen neutralen oder traurigen Gesichtsausdruck, haben wir ein Defizit an Dopamin und Endorphinen in unserem System.

Leider werden in unserer Gesellschaft Fähigkeiten belohnt, die Ich-zentriert sind, wie mitunter Durchsetzungsfähigkeit. Während die Kompetenzen wie beispielsweise aktives Zuhören, die Bereitschaft zu einer freiwilligen Denkleistung sowie emotionale Kompetenzen und Empathie viel zu kurz kommen.

Emotional kompetente Menschen haben zum einen die Fähigkeit, sich in andere einzufühlen, d. h. dieselbe Emotion, die der andere in sich hat, zu fühlen und zum anderen die Kompetenz zu erkennen, dass es nicht die eigene Emotion ist, sondern die Emotion des anderen. Somit kann er Anteil nehmen und sich zugleich durch innere Abgrenzung selbst schützen.

Wollen wir tiefe Beziehungen in unserem Leben, kommen wir nicht darum herum, in soziale und emotionale Kompetenzen zu investieren. Es gibt spezifische Trainings dazu, die damit einhergehen, dass man lernt, die Gesichtsausdrücke anderer hinsichtlich emotionaler Zustände richtig zu deuten.

Trainiere deine Spiegelneurone, indem du beim nächsten Gespräch darauf achtest, die Mimik deines Gegenübers nachzuahmen, und beobachtest, wie sich das für dich anfühlt, das Gefühl eines anderen in dir zu spüren. Du wirst feststellen, dass du mit der Zeit dein Gegenüber besser verstehen kannst und du auch von deinem Gegenüber besser verstanden wirst.

Fragen und Aufgaben

- **An welchen emotionalen und sozialen Kompetenzen möchtest du noch arbeiten?**
- **Bis wann willst du damit begonnen haben?**
- **Woran erkennst du, dass du darin besser wirst?**

1.14 Kommunikation und Intonation

»Man kann nicht nicht kommunizieren.« (Paul Watzlawick)

Deshalb ist es essenziell, unser Bewusstsein dafür zu schärfen, wie wir kommunizieren.

Bleiben wir bei der Emotion des sich »Verstanden-Fühlens«. Fühlst du dich häufig missverstanden in der Kommunikation mit anderen? Dann liegt es möglicherweise daran, dass du das Kernproblem oder aber deine Bedürfnisse nicht in einer wertschätzenden Weise oder nicht ausreichend spezifisch kommuniziert hast.

Intonation hat eine Schlüsselfunktion, wenn es darum geht, von deinem Gegenüber gehört zu werden. Unter Intonation verstehen wir Sprachmelodie und Sprechvariation. Jeder von uns hat die Erfahrung gemacht, bei langen monotonen Monologen abzudriften und sich nur schwer auf das Gesagte konzentrieren zu können. Glaubwürdigkeit erfordert eine bestimmte Form der Intonation, und eine andere Intonation brauchst du, um dich selbst und dein Gegenüber mitreißen und begeistern zu können. Stell dir vor, dass das Sprechen mehr ein Singen ist. Dort kreieren Betonung, Melodie und Lautstärke Emotionen. Das Selbige gilt für das Sprechen. Wähle ab sofort eine Sprechweise, die in den aufgeführten Kategorien variiert, und überlege dir, wann du was betonen möchtest, um eine Spannungskurve zu kreieren.

Es geht immer darum, dass sich eine Diskussion oder ein Austausch für beide Seiten fair anfühlen muss und beide ihr Gesicht wahren können. Und manchmal muss man feststellen, dass jeder eine andere Meinung hat bzw. niemand von seiner abrücken will und man eben nicht auf einen Nenner kommt. Auch das ist in Ordnung!

Es geht nicht darum, sich auf eine Meinung zu einigen, sondern seine eigene vertreten zu haben, sich die andere

Perspektive aktiv eingeholt zu haben mithilfe spezifischer Fragen und im Anschluss aushalten zu können, dass man voneinander abweicht.

Denk daran, es gibt keine objektive Wahrheit, sondern so viele Wahrheiten wie es Gehirne gibt. Du sollst niemandem was wegnehmen und dir wird auch bei einer Diskussion nichts weggenommen. Dann kann Kommunikation sehr spielerisch sein und Spaß machen. Aber wie in jedem Spiel gibt es Regeln.

Menschen bauen Vertrauen auf, wenn sich ihr Gegenüber aktiv für sie interessiert, ihre Welt mit den eigenen Augen sehen will und spezifische Fragen stellt.

Mache es zu einer Gewohnheit, die Welt mit den Augen deines Gegenübers sehen zu wollen. Es wird dir neue Wege eröffnen und Sachverhalten, die stagniert sind, wieder Bewegung verleihen.

Der Kommunikationskompetenz kommt in einem stabilen Selbstkonzept eine tragende Rolle zu.

Fragen und Aufgaben

- **Welche Fragen musst du stellen, um die Welt mit den Augen deines Gegenübers betrachten zu können?**
- **Welche Fragen musst du stellen, um deinem Gegenüber das Gefühl zu geben, dass du seine Sicht wahrhaftig verstehen willst?**
- **Beantworte die Frage: »Welchen emotionalen**

Abdruck möchte ich mit meinem Auftreten bei meinem Gegenüber hinterlassen?« Und stelle dir in einer aktiven Auseinandersetzung mit dem Thema Kommunikation deinen eigenen Werkzeugkoffer zusammen.

- Welche Intonation wähle ich, um eine Spannungskurve zu kreieren und dafür zu sorgen, dass das, was ich sage, bei meinem Gegenüber in Erinnerung bleibt?
- Ich empfehle dir an dieser Stelle, dich intensiv mit dem 4-Ohren-Modell nach Schulz von Thun zu befassen. Meiner Erfahrung nach hat es bisher jeden in seiner Kommunikation vorangebracht, der sich damit befasst und die Prinzipien verinnerlicht hat.
- Ein weiteres empfehlenswertes Modell zur vertieften Auseinandersetzung mit dem Thema Kommunikation: »Das Eisbergmodell« von Freud.

1.15 Umgang mit Erwartungen

In der Kindheit lernen wir das, was von uns erwartet wird, zu antizipieren und zu erfüllen, wenn wir Lob und Bestätigung erhalten wollen.

Das Enttäuschen der Erwartungen anderer führt in der Regel zu negativen Konsequenzen, Strafen und dazu, dass wir gezwungen sind, auf etwas zu verzichten.

Parallel zu den Erfahrungen des Erfüllens und Enttäuschens der Erwartungen anderer haben wir ein

Selbstbild von uns ausgebildet, nämlich ob wir eher ein »lieber Mensch« sind und andere von uns erwarten dürfen, dass wir immer brav mitmachen und ja sagen, oder ob wir eher als ein »schwieriger Charakter« gelten, weil wir »unseren Kopf durchsetzen müssen«.

Mit diesem Selbstbild geht auch die Fähigkeit einher, aushalten zu können, die Erwartungen anderer zu enttäuschen. Den einen fällt dies leichter, den anderen, die als »lieb« wahrgenommen werden, schwerer. Dies formt zum späteren Zeitpunkt die »Ja-Sager«, die es allen recht machen wollen, oder aber »Querulanten«, an denen viele verzweifeln.

Heute, als erwachsener Mensch kannst du wählen, in welchen Momenten du ja sagen willst, nämlich dann, wenn du auch ja meinst, und wann du die Erwartungen anderer enttäuschst, indem du aber zu dir selbst stehst.

Jede Entscheidung hat Konsequenzen und eine Entscheidung für jemand anderes ist oftmals auch eine Entscheidung gegen uns selbst.

Tatsächlich ist es nicht relevant für dein Gegenüber, ob du ja oder nein sagst, sondern alleine das »Wie« zählt. Du kannst lernen, das »Nein« so zu formulieren, dass dein Gegenüber sein Gesicht wahren, deine Entscheidung verstehen kann und sich nicht zurückgewiesen fühlt. Auch hierfür empfehle ich dir die intensive Auseinandersetzung mit dem 4-Ohren-Modell nach Schulz von Thun.

Fragen und Aufgaben

- Bei welchen Erwartungen fällt es dir besonders schwer, nein zu sagen?
- Welche Erwartungen hast du an dich selbst?
- Bringt dich die Erfüllung deiner eigenen Erwartungen voran? Oder hemmt sie dich?
- Wie müssten deine Erwartungen an dich selbst aussehen, damit sie dich empowern und nicht hemmen?
- Wie möchtest du damit umgehen, wenn du die Erwartungen anderer enttäuschst?
- In welchen Situationen ist es dir gelungen, aufrichtig »nein« zu sagen?

1.16 Emotionen

In der Psychologie sprechen wir von primären Emotionen, welche uns angeboren sind (Freude, Wut, Angst, Traurigkeit, Ekel), und von sekundären Emotionen, die wir im Laufe der Sozialisation abhängig von den Normen der Gesellschaft erlernen (Stolz, Scham, Schuldgefühl, Verlegenheit, Empathie, Hass, Liebe, Ärger). Bei der Vermeidung von Emotionen kommt es zu Symptombildung.

Weil die primäre Emotion von anderen Emotionen oftmals überlagert ist und uns dies unbewusst ist, müssen wir bei der Konfliktbewältigung beide Ebenen adressieren.

Wir ärgern uns zum Beispiel darüber, dass der Partner, obwohl wir ihn oft darum gebeten haben, den Müll rauszubringen, dies dennoch nicht von alleine tut. Aber in Wirklichkeit geht es hier darum, dass wir uns in unserem Bedürfnis, wichtig genommen zu werden, zurückgewiesen fühlen.

Deshalb ist in jedem Konflikt die Frage »Worum geht es hier wirklich?« entscheidend. Die Antwort gehört in Ich-Botschaften kommuniziert: »Ich fühle mich von dir in meinem Bedürfnis nach deiner Hilfe nicht ernst genommen. Und ja, es ärgert mich auch, aber in erster Linie macht es mich traurig, weil ich mich abgewiesen fühle.«

Dann versteht in der Regel auch der Partner, dass es hier nicht um den Müll geht, sondern um die Beziehungsebene. Bestenfalls hat er dann eine andere Motivation, den Müll wegzubringen.

Fragen und Aufgaben

- **Welche primären und sekundären Emotionen kannst du in deinem letzten Konflikt identifizieren?**
- **Wie kannst du sie wertschätzend zum Ausdruck bringen?**

2. Deine Seele gestalten

2.1 Das richtige Mindset wählen

Solltest du bei dir selbst zufällig häufig folgende Gedanken und Bewertungsmuster beobachten, hast du die Wahl, es weiterhin so laufen zu lassen oder die destruktiven Bewertungsmuster durch konstruktive zu ersetzen:

- **Gleichgültigkeit und Resignation**
- **Vergleichen mit anderen**
- **Neid**
- **Missgunst**
- **Beleidigtsein**
- **Andere dafür, dass sie etwas wagen, abwerten (Bestrafen anderer für die eigene Feigheit)**
- **Sich selbst sagen hören: »Ach warum soll ich mir den Stress antun, es geht doch auch so.«**
- **Immer auf Distanz zu Emotionen und Menschen bleiben**
- **FOMO (Fear of missing out)**

In einem Eimer, in dem sich viele lebende Krabben befinden, wird jede Krabbe, die versucht, sich nach oben zu kämpfen, durch andere Krabben wieder runtergezogen. So stellen alle sicher, dass weder sie selbst noch eine andere Krabbe überleben können.

Ist das ein Leben, das du führen möchtest? Möchtest du die Krabbe sein, die andere runterzieht oder von anderen runtergezogen wird?

Wenn deine Antwort »Nein« lautet, dann musst du aktiv werden, denn von allein wird alles nur noch schlimmer, weil dein Gehirn dich zum Experten des Zustandes machen wird, in dem du dich gerade befindest.

Die gute Nachricht ist, du kannst dich jetzt für konstruktive Gedanken und Bewertungsmuster entscheiden und die bisherigen wie folgt ersetzen:

- **Gleichgültigkeit** wird ersetzt durch selektive Aufmerksamkeit. Entscheide abhängig von deinen Werten und Zielen, was du verstärken und belohnen willst, und lenke deinen Fokus auf diese Aspekte, während du dich dafür entscheidest, die anderen auszublenden. Gleichgültigkeit ist sehr gefährlich, da es schnell in Resignation münden kann. Und ist einmal Resignation in einem Lebensbereich eingekehrt, breitet es sich auf allen Ebenen aus und führt oftmals zu Anpassungsstörung, Burnout und Depression. Für Beziehungen, die in einem Zustand der Resignation verweilen, gibt es wenig Chancen, die Beziehung zu retten. Daher ist es wichtig, frühzeitig zu intervenieren, nämlich sobald du das Gefühl der Gleichgültigkeit bei dir beobachtet hast. Resignation ist wie alle Gefühle ansteckend. Zudem verhindert Gleichgültigkeit, dass du Erinnerungen speichern kannst, denn es werden nur Ereignisse Teil deiner Erinnerung, die du wahrhaftig gefühlt und mit Emotionen konditioniert abgespeichert hast.
- **Vergleichen mit anderen** wird ersetzt durch den Vergleich innerhalb deiner Entwicklung bzw. den

Vergleich zu dem Zustand, den du haben wirst, wenn du das Ziel erreichst. Das wird dich viel mehr voranbringen, als andere zu imitieren oder sich darüber zu ärgern, weniger zu haben als andere.

- **Neid**: Hier geht es um ein Mangelerleben. Wenn du Neid bei dir spürst, frage dich nicht: »Was hat die andere Person gekauft oder getan?«, sondern: »Welche Emotionen hat sie dabei gefühlt?«. Dann finde deinen Weg, dein Leben so zu gestalten, dass du diese Emotionen häufiger erleben kannst. Kannst du dir keine teuren Reisen leisten, suche besondere Orte in deiner Umgebung. Das Gefühl, was du dann kultivieren willst, ist Entdeckergeist. Hat ein Kollege deinen Job bekommen? Dann bewirbst du dich stetig weiter, bis du deinen Job gefunden hast. Initiative ist hierbei das Schlüsselwort.

- **Missgunst**: Da hilft nur die Frage: »Welcher Mensch will ich sein? Einer, der den anderen nichts gönnt oder einer, der sich auch für andere freuen kann, wenn er selbst nicht hat, was ich er sich wünscht?«

- **Beleidigtsein**: Stelle dir die Fragen: »Würde ich mich in 10 Jahren darüber ärgern? Wie viel Raum möchte ich dem Beleidigtsein in meinem Leben einräumen? Habe ich meine Grenze klar benannt und mir eingefordert, was mir zusteht? Oder bin ich beleidigt, weil der andere nicht von allein daran gedacht hat?« Auch hier hilft: Raus aus der Passivität!

- **Andere dafür, dass sie etwas wagen, abwerten (Bestrafen anderer für die eigene Feigheit).** Auch hier helfen die Fragen: »Welche Emotionen muss ich zulassen, regulieren und transformieren, um selbst diesen Schritt zu wagen? Wovor habe ich Angst? Ich lasse nicht zu, dass diese Angst mich daran hindert, diesen Schritt zu gehen. Ja, ich habe Angst und mache es trotzdem!«

- **Sich selbst sagen hören: Ach warum soll ich mir den Stress machen, es geht doch auch so.** Auch hier: »Wovor habe ich Angst? Was kann ich verlieren? Was kann ich gewinnen?« In jedem Fall eine wertvolle Erfahrung.

- **Immer auf Distanz zu Emotionen und Menschen bleiben:** Du sitzt in einer kleinen Höhle und blickst durch ein Schlüsselloch in die Welt. Das ist das Bild, das deinen Zustand beschreibt. Komm raus da! Was möchtest du im Leben erlebt haben? Was macht ein wertvolles Leben für dich aus? Alle Emotionen sind wertvoll. Es geht darum, das richtige Maß zu finden, und sie gewinnbringend einzusetzen. Du erfüllst alle Voraussetzungen, um alles mit der Zeit bewältigen zu können.

- **FOMO (Fear of missing out):** Die Angst, etwas zu verpassen, wurde durch die Verbreitung der Social Media auf ein neues Level gehoben und resultiert zum einen aus dem Glaubenssatz, der Selbstwert hänge davon ab, wie man im Vergleich mit anderen Personen oder Profilen abschneidet, und zum anderen aus dem Glaubenssatz, sich an anderen orientieren zu müssen, um akzeptiert zu werden. Dies führt zur Angst vor sozialem Ausschluss, vor dem Verpassen spannender Erfahrungen, der Angst weniger Chancen auf Erfolg sowie schlechtere Freunde und Partner zu haben. Kurzum, es triggert existentielle Ängste. Wenn du diesem Pfad folgst und dein Leben so gestaltest, dass du diese Angst versuchst zu vermeiden, indem du stetig am Puls der Zeit bleibst und immer auf der Jagd bist nach dem Neuesten und Besten, verlierst du ein selbstwirksames Leben im Einklang mit dem, was dich als Mensch besonders und liebenswert macht. Du bist dann unentwegt im Adrenalin-Modus und brennst schnell aus. Sicherheit, Freiheit und Frieden sind nicht Teil deines Lebens. Hier hilft das Erkennen, dass du diese Angst hast, sowie der Fokus darauf, wie du dich selbst denkend, fühlend, handelnd erleben möchtest.

Diese Affirmation kann dich dabei unterstützen: »Ich entscheide mich für meinen ganz persönlichen Weg. Wie andere diesen bewerten, ist mir gleich, solange er mich glücklich macht.«

Fragen und Aufgaben

- **Welche Bewertungen möchtest du bei dir verändern?**
- **Bis wann willst du diese verändert haben?**
- **Woran erkennst du, dass du nun auf Situationen anders reagierst?**
- **Woran spürst du den Unterschied zwischen einem Leben, das du selbst gestaltest, und einem Leben, in dem du zulässt, dass FOMO dich leitet?**

2.2 Änderung von Verhalten und schaffen neuer Gewohnheiten

»Gewohntes Vorgehen führt zu gewohnten Ergebnissen.«

Wenn wir wollen, dass sich etwas in unserem Leben ändert, müssen wir bei uns selbst beginnen und unsere gewohnten Verhalten, Gedanken und Kommunikationsmuster unter die Lupe nehmen. »Gewohnt« impliziert, dass es so oft ausgeführt wurde, dass das Gehirn diese Muster unbewusst, also automatisiert ausführt, um Ressourcen zu sparen. Die Auswirkungen dessen spüren wir jedoch in unserer Stimmung. Warum ist es schwer, gewohnte Muster zu durchbrechen? Richtig, weil das Gehirn selektiv funktioniert und mehr von dem, was wir gerade tun, fühlen und denken will. Auf diese Weise kreiert es eine Art Sog, der dich in die bisher eingeschlagene Richtung zieht. Während ein anderes, noch unbekanntes Vorgehen als ineffizient und bedrohlich abgewertet wird, weil es ein Gefühl von Unsicherheit stiftet und deshalb vermieden werden soll.

Um also eine Änderung vollziehen zu können, müssen wir uns eine neue Lebenshaltung antrainieren z. B. mithilfe von Affirmationen (s. Kapitel »Glaubenssätze und Affirmationen«).

Diese Lebenshaltung geht so:

»Ich heiße Veränderung willkommen in meinem Alltag. Veränderung macht mein Leben aufregend und lebendig.

Ich liebe es, mich immer wieder neu zu erleben. Veränderung ermöglicht mir, das Leben mit der Leichtigkeit eines Spiels zu betrachten. Da habe ich Lust drauf!«

Fragen und Aufgaben

- **Bevor wir uns dafür entscheiden, etwas zu verändern, müssen wir uns selbst die folgende Frage beantworten: »Wie will ich mich denkend, fühlend, handelnd, kommunizierend selbst erleben?« Nimm dir Zeit, darüber nachzudenken und diese Frage in jeder einzelnen Facette zu beantworten und genau zu definieren, welches Verhalten möchtest du konkret so verändern, dass es dir dient. Wie soll also das Zielverhalten sein, auf der Gedanken-, Emotions-, Handlungs- und Kommunikationsebene?**

Nachdem du nun diese Frage beantwortet hast, sehen wir uns an, wie wir gewohnte Gedanken und Verhalten durchbrechen und neue etablieren können.

2.2.1 Die Beobachtung des eigenen Denkens, Handelns, Fühlens und Kommunizierens ist ab sofort eine neue Gewohnheit, die du in deinen Alltag integrierst

Das gelingt dir mithilfe der folgenden Fragen:

- Wann und was versuche ich zu vermeiden?
- Was suche ich auf und versuche mehr in meinem

Leben zu haben und warum? Z. B. Bestätigung für Leistung usw.

- Wie will ich, dass andere über mich denken? Und wie oft denke ich darüber nach, wie andere über mich denken?
- Was tue ich, obwohl ich weiß, dass es nicht gut für mich ist?
- Wie kommuniziere ich?
- Kann ich im richtigen Moment Grenzen setzen? Oder sage ich nichts und ärgere mich im Nachhinein darüber, weil mir im Nachhinein vieles einfällt, was ich hätte sagen können?

Wenn du diese Fragen beantwortet hast, frage dich, wie soll das Zielverhalten stattdessen ganz konkret aussehen?

Formuliere nun das Zielverhalten auf der emotionalen-, gedanklichen- und Verhaltensebene entsprechend der SMART-Methode (s. Kapitel Ziele formulieren, visualisieren, fühlen, erreichen und überprüfen) ganz konkret aus.

Fragen und Aufgaben

- **Was will ich und bis wann erreicht haben?**
- **Definition von Indikatoren anhand derer du erkennst, dass du das Zielverhalten erreicht hast:**
- **Woran erkenne ich, dass sich mein Verhalten, meine Gedanken geändert haben?**
- **Wie werde ich mich dann fühlen?**
- **Welche Veränderungen werden andere bei mir beobachten können?**

2.2.2 Transfer

Wann immer du dich dabei erwischst, dass das zu ändernde Verhalten oder zu verändernde Gedanken auftauchen, geht es darum, diese wertzuschätzen, schließlich haben sie dich hierhergebracht, und loszulassen.

Ab sofort hat es ausgedient und du triffst aktiv die Entscheidung zugunsten des neu zu etablierenden Musters wie folgt:

»Ich lasse das alte Muster los und ersetze es durch ... Ab sofort werde ich alles tun, um dieses Muster oder diesen Gedanken zu verankern!«

Verhalten lässt sich nicht löschen, sondern nur ersetzen. Denke daran, das Gehirn fragt nicht nach dem »Warum?« und auch nicht danach, ob etwas gut oder schlecht ist, sondern allein nach dem »Wie oft?«. Es muss das Verhalten oder den Gedanken mindestens 100-mal erlebt haben, um dafür zu sorgen, dass es sich für dich stimmig anfühlt, mithilfe der Ausschüttung der dazu passenden Neurotransmitter. Bis dahin musst du es aushalten, dass das neue Verhalten oder der neue Gedanke sich für dich fremd anfühlt. Wenn du dieses Gefühl versuchst zu vermeiden, wird es keine Veränderung geben.

2.2.3 Belohnungen und Konditionierung

- Belohnungen erhöhen durch den Mechanismus der Konditionierung (Kopplung) die Wahrscheinlichkeit eines erneuten Auftretens von Verhalten und Gedanken
- Das nutzen wir, indem wir selbst kleine Belohnungen definieren z. B.: »Wenn ich das denke oder tue, gönne ich mir einen guten Kaffee«, »Wenn ich das denke oder tue, höre ich meinen Lieblingssong.«
- Konditionierung ist etwas Wunderbares, wenn wir selbst wählen, mit welchen Sinneseindrücken wir das neue Verhalten verankern wollen. Wir setzen also bewusst einen Anker, der uns an dieses Verhalten erinnert und uns hilft, es zu priorisieren, sobald wir diesen Anker sehen, hören, schmecken, riechen oder fühlen. Du erinnerst dich, das Gehirn speichert Informationen assoziativ, mithilfe der Konditionierung auf allen Sinnesebenen ab. Dieses spezifische Verhalten, Gefühl oder dieser spezifische Gedanke kann dann durch einen abgespeicherten Reiz auf einer der Sinnesebenen getriggert werden. Deshalb konditionieren wir das erwünschte Verhalten sehr bewusst mit den Sinneseindrücken, die uns ein bewusstes triggern erleichtern. Ein Anker kann z. B. der Anblick des eigenen Rings am Finger sein. Wann du einen Gedanken denkst und den Ring dabei betrachtest, wird dich künftig die Betrachtung des Rings an diesen Gedanken erinnern.

Fragen und Aufgaben

- Wir wollen stetig überprüfen:
- Wie nahe sind wir unserem Zielverhalten gekommen?
- Dient mir dieses Verhalten, dieser Gedanke noch immer oder muss es oder er erneut angepasst werden?

So stellen wir sicher, dass wir uns an verändernde Lebensumstände optimal und proaktiv anpassen und uns keine Chancen durch die Lappen gehen, unser Potential ausschöpfen zu können.

2.2.4 Wahrscheinlichkeit für ein gewünschtes Verhalten erhöhen

Verhaltensänderung klappt einfacher, wenn das neue Verhalten an ein bestimmtes Verhalten »angehängt« wird und uns wenig Entscheidungskapazität abverlangt. Willst du häufiger nach dem Aufstehen Joggen gehen, lege dir die passende Kleidung direkt an dein Bett. Willst du täglich Supplements nehmen, stelle sie neben deine Kaffeemaschine usw.

Wer schreibt, bleibt dran! Wenn du jeden noch so kleinen Erfolg dokumentierst, erhöhst du die Wahrscheinlichkeit für das Wiederauftreten des spezifischen Verhaltens.

Grundsätzlich machen Patienten in der Therapie eine schnellere und nachhaltigere positive Entwicklung, wenn

sie Gedankenbuch führen und ihre Erfolge, Ziele und Entscheidungen dokumentieren.

Fragen und Aufgaben

- **Welche Verhalten möchtest du verändern?**
- **Welche Gewohnheiten möchtest du kreieren?**
- **Bis wann möchtest du diese Gewohnheiten etabliert haben?**
- **Woran erkennst du, dass sich etwas verändert hat?**

2.3   Kreieren von Stimmungen

Stimmungen entstehen unbewusst durch ein Zusammenspiel von äußeren Reizen, z. B. einer abgespeicherten Erfahrung, die getriggert wurde, oder einer Reaktionen durch
die Umwelt mit inneren Reizen wie Gedanken, Emotionen
und Bildern.

Wenn wir das wissen und eben nicht die Opfer unserer
Stimmung sein wollen, sondern unsere Stimmung selbst
bestimmen wollen, um wie oben erwähnt bestimmte Zustände in unser Leben anzuziehen oder schlichtweg mit
Leichtigkeit den Alltag zu gestalten, haben wir viele Hebel,
die wir bedienen können.

Es ist kein Zufall, dass, wenn wir gut drauf sind, uns alles
leichter von der Hand geht.

Einen weiteren Vorteil verschafft uns das bewusste Stimmungen-Kreieren in der Gestaltung unserer Umwelt. Denn das Gehirn ist sehr zugänglich für die Stimmungen anderer. Wenn man einen Miesepeter in seiner Nähe hat, fällt es einem schwer, gut gelaunt zu bleiben. Das liegt daran, dass das Kommunizieren über Stimmungsansteckung ein Überlebensmechanismus ist. An der ängstlichen oder panischen Mimik anderer Artgenossen haben wir als Urzeitmenschen erkannt, dass wir uns besser in Sicherheit bringen.

Auch Babys fangen zu weinen an, wenn sie andere Babys weinen hören.

Wenn es in der Arbeit mit Demenzkranken nicht mehr möglich ist, die Person auf kognitiver Ebene zu erreichen, wird mithilfe von Intonation über Stimmungsansteckung gearbeitet, um Emotionen zu kreieren. Genau diesen Mechanismus machen wir uns ab sofort zu Nutze!

Fragen und Aufgaben

- **Welche Stimmung will ich fühlen?**
- **Anhand von welcher Intonation erkenne ich, dass ich welche Stimmung habe?**
- **Mit welcher Intonation spreche ich, wenn ich gut drauf bin?**
- **Welche Intonation nutzen andere, wenn sie gut drauf sind?**
- **Diese Intonation inszeniere ich ab sofort bewusst sowohl im Self-Talk (s. Kapitel**

»Self-Talk-Methode«) als auch in der Kommunikation mit anderen.

- Geduld und hartnäckiges Dranbleiben. Es wird nicht sofort klappen und das ist auch gut so! Wir wollen die Challenge! Wir müssen konsistent dranbleiben, um dem Gehirn die Chance zu geben, die passenden Neurotransmitter bereitstellen zu können.
- Zur Wunsch-Stimmung passende Musik, Bilder und Videos hören und ansehen. Wenn wir bewusst trauern wollen, dann wählen wir eine andere Musik, als wenn wir motiviert und empowert werden wollen. Stell dir den Stimmungen entsprechende Playlists und Fotoalben zusammen, um per Knopfdruck diese Ressource heranziehen zu können.
- Teilen mit anderen. Wir sind soziale Wesen, die einen mehr, die anderen weniger. Für jedermann wird es leichter sein, in eine Stimmung zu kommen und darin zu baden, wenn wir diese mit anderen Menschen teilen.
- Erfolge feiern und sich selbst belohnen.
- Wie kann es dir gelingen, Stimmungen aktiv zu beeinflussen?
- Nutze jede erdenkliche Gelegenheit, dies für dich selbst, aber auch in Gruppen zu tun. Du wirst feststellen, dass es magisch auf andere wirkt.

2.4 Wertvorstellungen korrelieren mit Selbstvertrauen

Wertvorstellungen sind erstrebenswerte, moralisch oder ethisch als gut befundene Wesensmerkmale. Wir verinnerlichen im Laufe der Sozialisation die Werte unserer Umgebung. Aus den bevorzugten Werten entstehen Denkmuster, Bewertungen, Glaubenssätze, Ziele und Handlungsmuster. Es ist also wichtig, sich die Werte, die uns ansozialisiert wurden, bewusst zu machen und uns zu diesem Zeitpunkt selbst für die Werte, die unser Denken, Fühlen und Handeln bestimmen sollen, zu entscheiden.

Im Folgenden gehe ich auf zwei Werte ein.

2.4.1 Stärke

Es gibt einen Wandel, der sich über die Generationen hinweg vollzieht hinsichtlich der Definition des Wertes »Stärke«:

Während in der Kriegs- und Nachkriegsgeneration Stärke wie folgt definiert wird:

»Stark ist der, der keine Vulnerabilität (Verletzlichkeit) zeigt.«
»Jungs weinen nicht.«
»Lass dich nicht unterkriegen.«
»Sei keine Memme.«

Diese Sprüche und andere haben wir alle im Laufe der Sozialisation zu hören bekommen und ja, sie haben Spuren hinterlassen.

Die neue Generation definiert den Wert »Stärke« folgendermaßen:

»Stark ist der, der den Mut hat, sich vulnerabel (verletzlich) zu zeigen, weil er das Vertrauen hat, dass er mit allen Konsequenzen dessen gut umgehen kann.«

Nun beide Wertedefinitionen haben Recht, jedoch unter unterschiedlichen Lebensbedingungen.

Das erste ist eine kompetitive Definition und relevant, wenn die Ressourcen knapp sind. Doch sie verhindert, dass Nähe und Verbundenheit entstehen können, denn hierfür ist das Zeigen von Vulnerabilität (Verletzlichkeit) wichtig.

Die zweite Definition adressiert Vertrauen und Selbstwirksamkeit. Doch jemand, der bei einem Bombenangriff weint, wird weniger Überlebenschancen haben als der, der alle seine mentalen Ressourcen nutzt, um einen Ausweg zu finden.

Wer aber darum bemüht ist, die Qualität der Bindungen in seinem Leben zu erhöhen, ist besser beraten, wenn er Emotionen nicht aus seinem Leben ausschließt, sondern sie zu fühlen, nutzen und teilen lernt.

Fragen und Aufgaben

Zu welchem Lager gehörst du? Haben sich deine Lebensumstände verändert, aber deine Haltung ist noch die von vorgestern? Dann ist es höchste Zeit, selbst zu bestimmen, wie du Stärke definieren willst!

2.4.2 Integrität

Integrität ist der Zustand, wenn wir uns auch unter widrigen Umständen so verhalten, dass wir unseren Werten treu bleiben. Also das Gegenteil von Opportunismus.

Lebst du per Choice oder per Chance? Beides ist wichtig, aber für ein selbstwirksames Leben, das du aktiv für dich und andere gestalten willst, musst du deinen Fokus darauf lenken, dich für ein bestimmtes Verhalten bewusst zu entscheiden, und zwar auch dann, wenn du mit negativen Konsequenzen rechnen musst.

Deine Psyche ist wie ein guter Freund, sie vertraut dir nur, wenn sie dich selbst dabei beobachtet, wie du konsequent zu deinen Werten und Entscheidungen handelst.

Das heißt nicht, dass es nicht auch Ausnahmesituationen geben wird. Aber es bedeutet das: Willst du das Gefühl des Selbstvertrauens erhöhen, musst du Impulskontrolle ausüben können und dich bei verlockenden Wahlmöglichkeiten für die Handlungsweise entscheiden, die deinen Werte entspricht bzw. eine Abweichung in

Ausnahmesituationen wirklich gut vor dir selbst begründen können, um das Vertrauen in dich selbst nicht zu erschüttern.

2.4.3 Deine Werte wählen

Im Folgenden findest du eine nicht abschließende Auflistung einiger Werte. Suche die aus, die zu dir passen und die du leben willst bzw. ergänze sie mit denen, die dir darüber hinaus einfallen.

- Disziplin
- Integrität
- Souveränität
- Verbundenheit
- Güte
- Weisheit
- Offenheit
- Verbindlichkeit
- Authentizität
- Rücksichtnahme
- Mitgefühl
- Loyalität
- Gerechtigkeit
- Fairness
- Achtsamkeit
- Begeisterung
- Gelassenheit
- Ehrlichkeit
- Respekt

- Mut
- Entschiedenheit
- Zielstrebigkeit
- Würde
- Stolz
- usw.

Fragen und Aufgaben

- **Welche Werte sind dir wichtig?**
- **Welche Werte würden nahestehende Personen mit dir in Verbindung bringen?**
- **Frage sie danach und mache eine Matrix mit den Werten, die dir was bedeuten auf der einen Seite und auf der anderen Seite mit Indikator-Verhalten: Anhand welcher Verhalten oder Entscheidungen erkennst du, dass du entsprechend deiner Werte handelst?**
- **Wie gehst du damit um, wenn du dich nicht deinen Werten entsprechend verhalten kannst?**
- **Wer bestimmt darüber, ab welchem Punkt du deine Werte hintergehst? Dein Vorgesetzter? Ein dominantes Elternteil?**
- **Wie können Kompromisse aussehen, wenn du die Werte beider Seiten versuchst zu berücksichtigen?**
- **Der Werte-Organismus ist lebendig. Deshalb ist es wichtig, seine Werte regelmäßig zu aktualisieren bzw. sich für einige von ihnen immer wieder neu zu entscheiden.**
- **Welche Werte sollen dein Leben leiten?**
- **Wie kannst du sie verankern und dafür sorgen,**

dass du auch in Konfliktsituationen zu deinen Werten stehst?

2.5 Glaubenssätze und Affirmationen

2.5.1 Glaubenssätze

Werte formen Glaubenssätze, Glaubenssätze formen Haltungen und Bewertungen bestimmen Gedanken, die wiederum Emotionen und Stimmungen beeinflussen.

Was wir bereits wissen, ist, dass dieser Prozess nicht einseitig verläuft, sondern wir an jedem Glied dieser Kette ansetzen können, um den Output »deine gefühlte Lebensqualität« zu verändern.

Wir haben uns bereits mit dem Ändern von Werten und Stimmungen befasst. Jetzt soll es um die Glaubenssätze gehen.

Hierbei beginnen wir erneut mit der Beobachtung von uns selbst. Welche Äußerungen unserer Bindungspersonen haben wir im Laufe unserer Sozialisation oft zu hören bekommen und dementsprechend verinnerlicht? »Das musst du dir erst verdienen.« – »Lass dich nicht für dumm verkaufen.« – »Sei schlauer als andere.« – »Warum willst du ein Risiko eingehen zu verlieren, was du hast?« – »Hochmut kommt vor dem Fall.« usw.

Fragen und Aufgaben

- Welche Glaubenssätze leiten deine Wahrnehmung und Bewertung?
- Welche von den bereits verinnerlichten Glaubenssätzen möchtest du behalten?
- Welche ersetzen?
- Welche Glaubenssätze sollen künftig deine Wahrnehmung und Bewertung leiten?

Wenn du dir diese Fragen beantwortet hast, geht es jetzt darum, die richtigen Affirmation (künftige Gedanken und Bewertungen) zu formulieren, um sowohl deine neuen Glaubenssätze als auch die dazu passenden Gedanken, Bewertungen und Emotionen zu verankern.

2.5.2 Formulierung von Affirmation

»Denken Sie nicht an einen rosa Elefanten!«

Bei der Formulierung der Affirmationen gibt es einige Regeln zu beachten:

1. Formuliere so spezifisch und konkret wie möglich.
2. Benutze so weit wie möglich positive Formulierungsformen. Z. B. »Ich will nicht …« ersetzen durch »Ich will …«. Die Worte nicht, nein, kein usw. sollten so selten wie möglich verwendet werden. Weil das Gehirn zwischen »Ja« und »Nein« nicht unterscheiden kann und ein »Nein« ein »Ja« bedeutet. Verneinungen

lassen sich nicht vermeiden, aber wir können darauf achten, dass wir sie so sparsam wie möglich einsetzen.

3. Denke daran, gute Affirmationen fühlen sich nicht stimmig mit deinem aktuellen »Ich« an, weil sie dein künftiges »Ich« repräsentieren.

4. Sie können verschiedene Lebensbereiche adressieren, aber es sollten anfangs nicht mehr als 10 sein.

5. Am besten verinnerlichen kannst du sie, wenn du sie täglich aufschreibst, laut oder still vor dich hin aufsagst und dies so oft wie möglich pro Tag wiederholst. Mache ein Ritual daraus und nutze auch die Warte- und Leerlaufzeiten des Alltags.

6. Wenn du sie aufschreibst, versetze dich in das Gefühl, das du haben würdest, wenn sich die Affirmation für dich stimmig anfühlen würde bzw. du bereits den Zustand erreicht hättest.

7. Im Folgenden findest du eine nicht abschließende Auflistung von möglichen Affirmationen, die dir helfen werden, dich selbstwirksam zu erleben und Selbstvertrauen zu spüren.

   An diesen kannst du dich orientieren, wenn du deine eigenen Affirmationen formulierst.

   Darüber hinaus empfehle ich dir aber auch, dich mit dem Thema »Wie formuliert man Affirmationen?« autodidaktisch zu beschäftigen.

8. Beispiele für Affirmationen:

- Alles, was ich mir vornehme, gelingt mit Leichtigkeit und viel Erfolg.
- Ich fühle Dankbarkeit für diesen neuen Tag und gehe alles, was ich tue, mit Begeisterung an.

- Ich vertraue darauf, dass alles, was passiert, zum richtigen Zeitpunkt geschieht.
- Alles, was passiert, ist zu meinem Besten auch dann, wenn ich es nicht verstehe.
- Ich glaube nicht alles, was ich denke.
- Ich habe Gefühle. Ich bin nicht meine Gefühle.
- Ich bin konzentriert, offen und freue mich auf alles, was vor mir liegt.
- Ich erfreue mich an mir selbst.
- Ich bestimme, welche Emotionen und Gedanken ich in meinen Kopf lasse.
- Ich liebe mich selbst.

Fragen und Aufgaben

- **Wähle die Affirmationen, die dir aktuell helfen, dich selbstwirksam zu erleben. Ergänze diese durch deine eigenen.**
- **Denke, schreibe oder sprehe diese mehrfach täglich, um deinem Gehirn zu helfen, die passenden Botenstoffe bereitzustellen.**
- **Lasse dich nicht davon verunsichern, dass sie sich derzeit noch nicht stimmig anfühlen.**
- **Zu welchen Glaubenssätzen möchtest du Affirmationen bilden?**
- **Welche Emotionen möchtest du häufiger in deinem Leben erleben? Greife eben diese in der Formulierung der Affirmationen auf.**
- **Wie können die Affirmationen aussehen, die aktuell deine Lebensqualität erhöhen würden?**
- **Auch hier helfen dir Konsistenz, Disziplin,**

Frequenz und Evaluation der Affirmationen, langfristig die Welt und dich selbst mit neuen Augen betrachten zu können.

2.6 Fehlerkultur und dein emotionaler Abdruck

»Ich verliere nicht. Ich kann nur gewinnen oder lernen!«
(Nelson Mandela)

Das beschreibt eine Fehlerkultur, die, wenn wir sie explizit gegenüber anderen und uns selbst vertreten, uns stetige Entwicklung ermöglicht und uns mit der Verurteilung durch andere souverän und gelassen umgehen lässt.

Während eine systematisch fehlervermeidende Haltung Wachstum verhindert, Angst belohnt und ein Garant dafür ist, dass wir für immer mittelmäßig bleiben.

Um mit Niederlagen umgehen zu können, braucht es die Fähigkeit zu sehen, wozu es gut sein wird bzw. was man aus der Situation mitnehmen kann. Hierzu ist es wichtig den Kontext richtig zu framen. Auch braucht es Impulskontrolle und die Kompetenz, unangenehme Emotionen aushalten zu können. Wir sprechen hier von der Kompetenz des Belohnungsaufschubs. Laut Studien ist mitunter diese Kompetenz entscheidend für einen nachhaltigen Erfolg im Leben.

Weitere Skills, die für eine Zielerreichung relevant sind, sind die Fähigkeit, das Verhalten anderer antizipieren zu können, das Abschätzenkönnen der Konsequenzen eigener Entscheidungen sowie Einfühlungsvermögen und der wertschätzende Umgang mit den Bedürfnissen anderer.

Ferner machen das Streben nach einer Lösung, die sich für beide Seiten fair anfühlt, sowie eine Kommunikation, die deinem Gegenüber erlaubt, sein Gesicht zu wahren, und die Fähigkeit, sich für die Erfolge anderer von ganzem Herzen freuen zu können, dich zu einem Interaktionspartner, auf den man gerne zugeht.

Eine Kompetenz, die ich hier explizit hervorheben möchte, weil ich sie so selten im Alltag beobachte, ist die Fähigkeit, für seine Fehler Verantwortung übernehmen und explizit und aufrichtig bei seinem Gegenüber um Verzeihung bitten zu können.

Damit erhöhen wir zum einen die Wahrscheinlichkeit bei uns selbst, diesen Fehler nicht erneut zu begehen, und zum anderen helfen wir unserem Gegenüber dabei, den Schmerz, der durch unser Handeln entstanden ist, loszulassen.

»Geteiltes Leid ist halbes Leid.«

An dieser Weisheit ist sehr viel Wahrheit dran. Wenn wir sehen und spüren, dass es dem anderen wahrhaftig weh tut, uns verletzt zu haben, und er uns diesen Schmerz proaktiv wegnehmen will, halbiert es unseren Schmerz, weil wir uns damit nicht mehr allein gelassen fühlen. So können wir den Schmerz besser loslassen und die Beziehung zwischen den beteiligten Personen geht als stärker aus dieser gemeinsam geteilten Erfahrung hervor. Es zeugt von Mut und Stärke, zu seinen Fehlern zu stehen.

Wenn du in den Ausbau dieser Kompetenzen investierst, sorgst auch du dafür, dass sich deine Vertrauens- und Glaubwürdigkeit bei deinem Gegenüber erhöhen.

Fragen und Aufgaben

- **Welchen emotionalen Abdruck möchte ich bei meinem Gegenüber hinterlassen?**
- **Welche Fehlerkultur willst du leben?**
- **Gibt es gerade eine Person, bei der ich mich proaktiv entschuldigen möchte?**
- **Wie kann ich diese Entschuldigung übermitteln?**

2.7 Flow-Gefühl in den Alltag integrieren

Flow (englisch für »fließen, rinnen, strömen«) bezeichnet das als beglückend erlebte Gefühl eines mentalen Zustandes völliger Vertiefung (Konzentration) und Aufgehens in einer Tätigkeit («Absorption»), die wie von selbst passiert. Es wird häufig auch als Tätigkeitsrausch bezeichnet.

Der Glücksforscher Mihály Csíkszentmihályi (1934–2021) gilt als Schöpfer der Flow-Theorie, die er aus der Beobachtung verschiedener Lebensbereiche, u.a. von Chirurgen und Extremsportlern, entwickelte.

Der Botenstoff Dopamin ist maßgeblich an diesem Gefühlscocktail beteiligt.

Flow kann bei der Steuerung eines komplexen, schnell ablaufenden Geschehens im Bereich zwischen Überforderung (Angst) und Unterforderung (Langeweile) entstehen.

Der Flow-Zugang und das Flow-Erleben sind individuell.

Dieser Zustand bringt trotz der benötigten Konzentration auch Leichtigkeit und Spielfreude. Beispielsweise kann sich so ein Zustand beim Tanzen durch die Verschmelzung von unserem Fokus, unserer Bewegung und der Musik einstellen. Aber auch kreatives Arbeiten oder das Grübeln über ein mathematisches Problem, bei dem man nicht merkt, wie die Zeit vergeht.

Fragen und Aufgaben

- **Finde deinen Zugang zu diesem Gefühl.**
- **So kannst du Leichtigkeit tanken, während du produktiv bist.**
- **Du kannst den Zugang zu diesem Gefühl nahezu in allen Tätigkeiten finden, wenn du den Anspruch an dich hast, dich selbst bei deinen Tätigkeiten inspiriert, begeistert, spielerisch und eben im Flow zu erleben.**
- **Wann erlebst du das Flow-Gefühl?**

2.8 Spiritualität und Lebenssinn

Es ist nicht relevant, zu welcher Religion du gehörst oder ob du dich davon distanzierst. Wichtig ist, dass du ein Konzept von Spiritualität bzw. von Leben und Tod für dein Leben entwirfst. So ein Konzept kann dir helfen, alle Erlebnisse und Ereignisse deines Lebens in einem spezifischen, von dir selbst gewählten kausalen Zusammenhang zu betrachten und dich so mit der Vergangenheit und Gegenwart auszusöhnen.

Menschen, die Nahtoderfahrungen gemacht haben, sagen häufig, dass ihnen in diesem Moment, wenn sie auf der Schwelle stehen, nur die folgenden Fragen in den Sinn gekommen sind oder gestellt wurden: »Was habe ich gefühlt?« und »Wen habe ich berührt?«. Nicht etwa: »Was habe ich erreicht?« oder »Was ist mein Lebenswerk, das ich hinterlasse?«.

Menschen, die auf der Suche nach ihrem Lebenssinn sind oder diesen kennen, berichten davon, dass sie ihren Alltag trotz der schwierigen Momente im Leben als sinnhaft und glücklich erleben. Es ist wie ein Kompass, der dich auf der Suche nach den Momenten, in denen du Verbundenheit und Vertrauen erfährst, leitet.

Viele Religionen haben einige Prinzipien gemeinsam, die den Menschen lehren, sich von einer zu starken Identifikation mit dem eigenen Ego, gesellschaftlichen Normen, Aufgaben, dem eigenen Körper, Gefühlen, Verhalten, eigenen Meinungen und Besitztümern zu befreien.

Wer weiß, dass er mehr als seine Emotionen, Meinungen, Aufgaben usw. ist, kann bestimmen, wie intensiv er die Erlebnisse und Schicksalsschläge erlebt bzw. Erfahrungen des Verlustes besser wegstecken.

Wenn du die Frage beantwortest: »Worüber identifiziere ich mich?«, nutze die Affirmationen: »Ich glaube nicht alles, was ich denke, und ich bin mehr als meine Emotionen, Meinungen und Aufgaben. Deshalb muss ich nicht Recht haben. Jeder hat das Recht, anderer Meinung zu sein. Manchmal muss man feststellen, dass man unterschiedliche Ansichten hat und eben nicht zusammenkommt. Auch das ist in Ordnung.« Diese Affirmationen werden dir helfen, dein Selbstkonzept nicht von Aspekten abhängig zu machen, die von äußeren Bedingungen abhängen. Lerne dein Selbstkonzept an deine Seele zu koppeln. Deine Werte, die du bewusst wählen kannst, helfen dir, die Seele in die für dich richtige Richtung auszurichten.

Im Hinblick auf einen konstruktiven Umgang mit belastenden Erfahrungen, kann dir die Affirmation helfen: »Ich allein bestimme, wie nahe ich etwas oder jemanden an mich heranlasse. Es ist kein Automatismus, dass ich an unangenehmen Erfahrungen, die ich mache, leide.«

Ein weiteres bewusstseinschärfendes Tool, mit dem du dein eigenes Stressempfinden beeinflussen kannst, ist die bewertungsfreie Wahrnehmung. Oft leiden wir nicht an den Ereignissen selbst, sondern an unserer eigenen Bewertung dieser bzw. an unserem Widerstand gegenüber der Tatsache, dass es anders lief, als wir es uns gewünscht haben. Das bewertungsfreie Wahrnehmen funktioniert nicht intuitiv. Die gute Nachricht ist aber, dass es sich trainieren lässt.

Hier eine Übung:

Versuche in deinem Alltag so oft wie möglich die Rolle des Protokollschreibers einzunehmen. Ein Protokollschreiber hat den expliziten Auftrag alles, was er beobachtet, ohne zu bewerten zu dokumentieren. Das macht sich auch in der Wahl der Sprache bemerkbar z. B.: »Der Chef spricht laut und hat rote Flecken im Gesicht.« In Abgrenzung dazu die folgende bewertende Aussage: »Der Chef spricht aggressiv zu mir.« Lasse dir beide Sätze auf der Zunge zergehen. Welche Emotionen spürst du, wenn du den ersten, beschreibenden Satz aussprichst? Welche Emotionen spürst du, wenn du den zweiten, bewertenden Satz aussprichst? Es macht einen Unterschied! Du spürst den Unterschied auf der emotionalen Ebene sowie auf der Ebene der Selbstwirksamkeit. Daher gibt dir die Rolle des Protokollschreibers in kritischen Momenten die nötige Distanz, um ruhig und gelassen zu bleiben.

Spiritualität ist etwas sehr Persönliches. Es muss nicht wahr sein, damit es Energie freisetzt und dir dient. Du musst auch keinem davon erzählen. Vielleicht magst du eine ganz eigene Version von Spiritualität entwerfen, an der du dich selbst in der Stille erfreust?

Fragen und Aufgaben

- Was könnte dein Lebenssinn sein?
- Wie könnte dein Konzept von Spiritualität aussehen?
- Wie sieht ein Tag aus, an dem du dich verbunden fühlst und voller Vertrauen bist?
- Was hast du an so einem Tag getan?
- Wenn du deinen Alltag als eine spirituelle Reise betrachtest, auf der du dich selbst durch Beobachtung besser kennenlernen kannst, wirst du überrascht sein, wie viel Energie diese Entdeckungsreise freisetzen wird.

2.9 Kultiviere und nähre eine vibrierende Energie

In sämtlichen Kulturen, Religionen und Philosophien werden weibliche und männliche Attribute und Verhalten definiert, ebenso wie die Regeln, die für die unterschiedlichen Geschlechter gelten.

Mir persönlich sagt am meisten das Prinzip von Ying und Yang zu.

Yin und Yang sind zentrale Begriffe der chinesischen Philosophie, mit denen zwei entgegengesetzte und gleichsam miteinander verbundene Pole, die einander ausbalancieren, zum Ausdruck gebracht werden.

Es handelt sich dabei um die Beschreibung universell gültiger Energien, Kräfte und Prinzipien. Dabei repräsentiert der eine Pol eine aktive, gestalterische Form und der andere eine passive, anpassungsfähige Form der Energie.

Ich würde nicht strikt kategorisieren, was davon männlich oder weiblich ist. Für jeden setzt sich das sehr individuell zusammen.

Wichtig ist es zu wissen, was uns hilft, die Energie hoch und vibrierend zu halten. Dazu müssen wir wissen, wie unsere eigene Energie, unser Temperament beschaffen sind und dass Energie proaktiv gepflegt werden muss.

Wir müssen also das für uns tun, das uns hilft, die Energie, die wir anstreben, zu konzentrieren. Wenn ich mehr Begeisterung in meinem Leben wünsche, interagiere ich mit Menschen, die diese Eigenschaft verkörpern, suche neue Aspekte, die mich neugierig und inspiriert fühlen lassen. Wenn ich Harmonie suche, tue ich möglicherweise das Gegenteil.

Unsere Aufnahmekapazität für Reize sowie unsere Speicher sind begrenzt und das Leeren dieser ist ein genauso wichtiger Prozess, der von uns aktiv gesteuert werden muss, wie das Erleben neuer Kontexte bzw. das Erleben unseres Alltags im Allgemeinen.

Es braucht eine Balance zwischen dem Erleben und dem bewussten Leeren von Reizen.

Wenn du dafür keine Sorge trägst, brennen deine Dopaminspeicher aus. Das erkennst du daran, dass nichts mehr Freude macht. Damit es nicht so weit kommen muss, ist es gut, bereits vorsorglich und regelmäßig das Gefäß zu leeren.

Wie macht man das? Durch systematische Reizarmut, Langeweile, Gedankenbuch führen und sich alles von der Seele schreiben, Spaziergänge in der Natur usw.

Finde heraus, was dir hilft, dein Gefäß zu leeren, und tue es regelmäßig. Nur so kannst du das Erlebte gut abspeichern und dich neuen Erlebnissen und Eindrücken gegenüber öffnen.

Selbiges gilt für Lebensereignisse und Etappen. Leere dich proaktiv am Ende eines Lebensabschnittes, um mit Offenheit und Neugierde die neue Etappe willkommen heißen zu können.

Die aktive Energiepflege, und zwar im Hinblick auf Energie-Anreicherung, aber auch Leerung, kann mithilfe von Ritualen und Gewohnheiten durchgeführt werden und sollte wöchentlich erfolgen. Jetzt ist deine Kreativität gefragt.

Fragen und Aufgaben

- **Welche Rituale kannst du dir hierfür vorstellen?**
- **Hast du bereits Rituale, die dir hierfür dienlich sind? Welche sind das?**
- **Was sind deine »Lessons learned« aus der letzten Etappe?**
- **Wovon möchtest du bewusst Abschied nehmen?**

3. Methoden

3.1 Grenzen setzen

»Man kann mit einem Sieb kein Wasser schöpfen.«

»Jede Entscheidung, die du nicht triffst, treffen andere für dich.«

»Eine Entscheidung für etwas ist auch gleichzeitig eine Entscheidung gegen etwas.«

Diese Aussagen lassen wir uns zunächst einmal ganz in Ruhe auf der Zunge zergehen.

Und jetzt setze ich noch einen drauf:

»Wer aus der richtigen Motivation nein sagt, d. h., nicht um etwas zu vermeiden, sondern weil er seine Energie in etwas Spezifisches fließen lassen will, wird mehr geliebt und bewundert als der, der ja sagt. Der Grund dafür ist der Mut, andere zu enttäuschen und für etwas Spezifisches oder einfach sich selbst einzustehen.«

Um etwas von Bedeutung zu schaffen und sei es die eigene Lebensführung, braucht es:

1. Bewusst gesetzte Grenzen z. B. in Form eines »Neins« oder eines Einstehens für sich selbst und seine eigenen Bedürfnisse:

»Das finde ich nicht in Ordnung. Ich möchte, dass mit mir (ganz konkret ausformuliert) umgegangen wird.«

2. Die Kompetenz des Aushaltens negativer Emotionen anderer wie z. B. Enttäuschung, Ablehnung usw.

3. Ein stabiles Selbstkonzept. »Ob ich ein wertvoller Mensch bin, auch dann, wenn ich unbequem für andere bin, entscheide immer noch ich selbst und niemand sonst!«

4. Explizite Benennung der eigenen Bedürfnisse vor sich selbst und anderen und das Einfordern dieser, wann immer es notwendig ist.

5. Das Ernstnehmen der eigenen Intuition und das Unterscheiden können, ob die Intuition oder die Angst zu dir spricht. Angst ist selten ein guter Berater. Intuition dagegen immer. Die Fragen die dir dabei helfen, beides zu unterscheiden lauten: »Will ich mit dieser Entscheidung ein Gefühl vermeiden, weil ich es nicht gut aushalten kann?« Wenn ja, dann spricht die Angst. »Will ich mit dieser Entscheidung etwas ganz Bestimmtes in meinem Leben willkommen heißen und die Wahrscheinlichkeit hierfür erhöhen?« Dann spricht deine Intuition.

Fragen und Aufgaben

- **Wo möchtest du in deinem Leben mehr Grenzen setzen?**
- **Wie kann es dir gelingen, dies deutlich, aber wertschätzend zu tun?**
- **Deine Abgrenzungskompetenz bildest du schneller aus, wenn du deine Erfolge feierst und dich selbst belohnst.**

3.2 Sich selbst die richtigen Fragen stellen

In diesem Kapitel soll es darum gehen zu lernen, sich selbst die richtigen Fragen zu stellen und damit zu bestimmen, welche Gedanken du einlädst und von welchen du dich verabschiedest. Darauf aufbauend geht es darum, Gedanken, Fragen und Bilder für eine Transformation von Emotionen bewusst nutzen zu können.

3.2.1 Wie stelle ich mir die richtigen Fragen und identifiziere destruktive Fragen und Gedanken?

»Ich denke, also bin ich.« (**Descartes**)

Um sich die richtigen Fragen stellen und destruktive Fragen und Gedanken identifizieren zu können, brauchen wir die menschliche Kompetenz auf der Metaebene, das eigene Denken beobachten und bewerten zu können.

Die Beantwortung der folgenden Fragen wird dir helfen, das Erkennen des Unterschieds zwischen konstruktiven und destruktiven Fragen und Gedanken zu trainieren:

1. »Lässt mich dieser Gedanke bzw. die Antwort auf diese Frage machtlos fühlen?« Dann ist diese Frage falsch formuliert oder adressiert den falschen Aspekt und muss ersetzt werden.
2. »Habe ich diesen Gedanken bzw. diese Frage

schon mehrfach gedacht und bin kein Stück weiter-
gekommen?« Dann ist es an der Zeit, sich von beiden
zu verabschieden.

Das tun wir in einer wertschätzenden Art und Weise.
Denn der Gedanke war der Versuch deiner Psyche,
dich nach bestem bisherigen Wissen und Gewissen
zu schützen. Da es nicht funktioniert hat, ist es Zeit,
den Gedanken bzw. die Frage zu ersetzen. Schließlich bringt das neu erworbene Wissen eine neue Bewertung der Gedanken und Fragen mit sich.

3. »Öffnet mir dieser Gedanke bzw. diese Frage die Tür zu
neuen Perspektiven und Ideen und ermöglicht mir, mich
selbst sowie mein Leben anders zu betrachten?«

In dem Fall ist der Gedanke bzw. diese Frage willkommen.

3.2.1.1 Vorschläge für konstruktive Fragen

Im Folgenden findest du Fragen, die verschiedene Zeit-
punkte deines Lebens adressieren. Die Antworten darauf
werden dich in jedem Fall weiterbringen. Dabei erscheinen
dir einige Fragen in verschiedenen Lebensphasen wichtiger als andere.

Wichtig ist es, dass du dir Zeit dafür nimmst und die Antworten schriftlich festhältst. Dabei kannst du z. B. eine
Frage in deinen Alltag mitnehmen und beobachten, was
dir dazu in den Sinn kommt. Es lohnt sich.

Dieser Prozess hilft dir dabei eine Einheit mit dir selbst,
deinem Leben und der Welt, in der du lebst, zu bilden und

so die Kraft und Energie aller Ressourcen zu nutzen, um selbstwirksam die eigene Lebensqualität zu gestalten.

Die Antworten können sich immer auf dich selbst, andere Menschen, Dinge und/oder Erfahrungen beziehen. Dabei hat das, was dir in den Sinn kommt, Relevanz.

3.2.1.2 Vergangenheit

Was konnte ich nicht verhindern?

Wem habe ich nicht geholfen und bereue es jetzt?

Was habe ich verhindert oder unterbunden, was ich heute rückgängig machen würde?

Wem habe ich direkt oder indirekt Leid zugefügt?

Was wollte ich nicht wahrhaben, akzeptieren, tolerieren?

Wann hatte ich das letzte Mal das Gefühl, dass etwas oder jemand mein Herz berührt?

Wann habe ich intensiv Liebe gespürt?

Wann habe ich das letzte Mal in einer Interaktion erlebt, dass die Energie am Ende größer war als die Summe der Einzelteile?

Wer waren und sind meine Bezugspersonen?

Wen möchte ich um Verzeihung bitten?

3.2.1.3 Gegenwart

Was weigere ich mich als zu meinem Leben dazugehörig anzunehmen?

Was bedeutet die Suche nach der Wahrheit für mich? Und wie kann ich selbst erkennen, dass ich ehrlich bin?

Wofür möchte ich mich selbst belohnen? Und wie kann ich mich selbst belohnen?

Welche Ängste und Glaubenssätze möchte ich austauschen?

Welche Glaubenssätze sollen mein Denken, Fühlen und Handeln leiten?

Welche Gefühle versuche ich zu vermeiden und warum?

In welchen Momenten verhindere ich meinen eigenen Erfolg, weil ich Angst habe vor den Konsequenzen? Wie mache ich das? Wie will ich stattdessen mit meinem Erfolg umgehen?

Wie gehe ich mit unangenehmen Gefühlen um? Was tue ich dann konkret? Z. B. bei Wut, Traurigkeit, Hilflosigkeit, Verzweiflung, Hoffnungslosigkeit, Ablehnung, Enttäuschung?

Wie zeige ich jemandem, dass ich ihn mag, schätze oder liebe und mir mehr Kontakt und Austausch wünsche?

Wie belohne ich mich selbst und wofür?

Wie gebe ich mir selbst Trost?

Wie motiviere ich mich dabei, schwierige Aufgaben zu bewältigen?

Welche Werte sind mir wichtig und wie setze ich sie in meinen Gedanken und meinem Handeln um? Wofür bin ich bereit einzustehen?

Was ist das Kostbarste, das ich bekommen kann?

Was ist das Kostbarste, das ich geben kann?

Wofür schätzen mich andere?

Wofür brenne ich und würde alles geben?

Was begeistert mich?

Wie begeistere ich andere?

In welchen Momenten fühle ich mich mit mir und der Welt im Reinen und verbunden?

Was vermisse ich? Wonach sehne ich mich?

Was ist mein Auftrag in diesem Leben? Was muss ich getan haben?

Was bereitet mir Freude, wenn ich es tue?

Wie sieht meine perfekte Phantasieoase aus, an der ich Energie tanken kann?

Wovor habe ich am meisten Angst?

Was hilft mir, schwierige Momente durchzustehen?

Welche emotionalen Zustände geben mir Kraft und Energie?

Welche Verhaltensweisen von welchen Personen dienen mir als Vorbild und Inspiration?

Woran erkenne ich, dass ich glücklich bin?

Was brauche ich, um glücklich zu sein?

Worauf bin ich stolz?

Was ist meine Love Language (wie ist meine Art zu geben)?

Welcher Mensch will ich sein?

Welche Ziele sind mir wichtig? (Nutze die SMART-Technik.)

Welche Ressourcen habe ich?

An welchen meiner Kompetenzen, Eigenschaften, Tools will ich in der nächsten Zeit arbeiten?

Woran erkenne ich, dass sich etwas gebessert hat?

3.2.1.4 Zukunft

Wie soll die Welt sein, in der ich leben will und was kann ich dazu beitragen, sie mitzugestalten?

Was macht mich wertvoll, wenn ich plötzlich nicht mehr gehen, sehen oder hören kann? Welchen Wert habe ich dann noch für diese Welt? Und welchen Wert hat das Leben dann für mich?

Wie möchte ich mich selbst handelnd, fühlend, denkend erleben?

Welche Gedanken, Gefühle, Verhalten sollen Teil meines Alltags sein?

Welche Menschen möchte ich in meinem Leben haben?

Egal welche Fragen du gewählt hast, sieh dir deine Antworten an. Einige bereiten Freude, andere hinterlassen einen Stich im Herzen. Dennoch sind sie alle hilfreich, weil sie dir eine Wahl eröffnen und damit deine Selbstwirksamkeit erhöhen, es ab sofort besser machen zu können.

Fragen und Aufgaben

- **Welche Fragen bringen dich weiter?**
- **Bis wann willst du sie beantwortet haben?**
- **Wie kannst du sicherstellen, dass du die Antworten in deinem Handeln umsetzt?**

3.2.2 Visualisierung

Studien mit bildgebenden Verfahren belegen das, was Hochleistungssportler, die diese Technik vor Wettkämpfen nutzen, schon lange wissen: Für das Gehirn spielt es keine Rolle, ob du etwas real erlebst oder es mit allen Sinneseindrücken visualisierst und in der Phantasie spürst. Genau deshalb fühlen sich oft Träume erschreckend real an. Denn es sind dieselben Hirnareale aktiv wie beim realen Erleben, es werden dieselben Muskelgruppen aktiviert und dieselben Botenstoffe ausgeschüttet.

Diese Tatsache machen wir uns zu Nutze. Wir versuchen ein inneres Abbild, das der gewünschten Realität so nahe wie möglich kommt, über alle Sinneskanäle, zu denen wir Zugang haben, entstehen zu lassen und fühlen uns hinein mithilfe der Frage:

»Wie fühlt sich der ersehnte Zustand an, wenn wir ihn erreicht haben?«

3.2.3 Vision Boards

Ein Vision Board ist eine materialisierte Visualisierung einer Thematik, die dich beschäftigt, und dient dazu, dich an deine Visualisierung sowie den ersehnten Zustand zu erinnern und das dazu passend abgespeicherte Gefühl entstehen zu lassen.

Es kann eine Collage oder eine Fotowand sein. Wichtig ist, dass du sie aktuell hältst und stetig überprüfst, ob die durch das Vision Board geweckten Emotionen dir noch immer dienen.

3.2.4 Scripting

Beim Scripting schreibt man auf, was man sich wünscht, aber in einer beschreibenden Art und Weise, als wäre es eben bereits in Erfüllung gegangen. Dabei tragen Detailreichtum und eine häufige Visualisierung zu einer höheren Wahrscheinlichkeit der Wunscherfüllung bei.

Zuletzt ist es wichtig, bereits im Voraus authentisch Dankbarkeit dafür zu fühlen, dass man das Ziel erreicht.

Hier ein Beispiel zum Scripting zu der Vision am Wasser zu leben:

»Ich lebe in einem Haus am Wasser. Morgens starte ich in den Tag mit einem Kaffee, klassischer Musik und einem Blick aus meinem Fenster. Ich genieße den Duft meines

Kaffes, den Anblick des Wassers und fühle tiefe Dankbarkeit und inneren Frieden.«

Der Erfolg hängt davon ab, wie ehrlich man daran glaubt, wie intensiv und wie oft man die zukünftige Gefühlswelt im Hier und Jetzt erlebt.

Fragen und Aufgaben

- **Welche deiner Wünsche kannst du mithilfe des Scriptings konkret ausformulieren?**
- **Wie fühlt es sich an, wenn sich dieser Wunsch erfüllt hat und Teil deines Leben ist?**
- **Fertige ein Vision Board an z. B. zu dem Thema, welche Emotionen Teil deines Alltags sein sollen.**

Das Konzept des Scriptings basiert auf dem Gesetz der Anziehung (s. nächstes Kapitel).

3.2.5 Das Gesetz der Anziehung

Das Gesetz der Anziehung, auch Resonanzgesetz genannt, besagt, dass es einen Zusammenhang zwischen unseren Gefühlen, unserer Gedankenwelt und der Realität gibt – also zwischen unserer inneren und äußeren Welt.

Durch die selektive Funktionsweise des Gehirns ziehst du das in dein Leben, was zu deiner inneren Welt passt. Es geht nicht darum, dass du dir etwas wünschen sollst, sondern vielmehr darum, an das Szenario häufig zu denken und es möglichst oft zu visualisieren.

Nach dem Gesetz der Anziehung erzeugt jeder Gedanke eine bestimmte Schwingung und zieht dadurch mehr Gedanken und Gefühle mit einer ähnlichen Schwingung an.

Auf der neuronalen Ebene wirst du mit einer höheren Wahrscheinlichkeit das wahrnehmen, was deine innere Haltung und Stimmung bestätigt. Damit ziehst du mehr Gleiches in dein Leben.

Fragen und Aufgaben

- **Was möchtest du mehr in deinem Leben haben?**
- **Was musst du hierfür denken und fühlen?**

3.2.6 Transformation

»Gott, gib mir die Gelassenheit, Dinge hinzunehmen, die ich nicht ändern kann, den Mut, Dinge zu ändern, die ich ändern kann, und die Weisheit, das eine vom anderen zu unterscheiden.« (Reinhold Niebuhr)

Wir können oft nicht bestimmen, was uns widerfährt. Sehr wohl können wir aber bestimmen, wie wir damit umgehen.

1. In was würdest du gerne die schmerzhaften Emotionen, Gedanken, Erinnerungen und Erfahrungen deines Lebens transformieren/verwandeln wollen? Z. B.

in Freiheit, Kreativität, Schönheit, Güte, Liebe, Vertrauen, Stärke oder Verbundenheit?

Formuliere dieses als Ziel nach der SMART-Methode (s. Kapitel »Ziele formulieren, visualisieren, fühlen, erreichen und überprüfen«).

Was musst du hierfür tun?

Suche in deiner Umgebung die Orte, Bilder, Metaphern, die dich dabei unterstützen, die Veränderung zu vollziehen wie z. B. Naturphänomene wie Wasser, Feuer, Wolken, Schnee, Lawinen, Bäume, Wurzeln, Blumen, Wälder, Tiere, Eigenschaften von verschiedenen Tieren usw.

2. Du kannst deinen Wunschzustand nach der Scripting-Methode visualisieren.

3. Integriere die mit den Eigenschaften des Wunschzustandes verbundenen Worte in deinen täglichen Sprachgebrauch, z. B. bei Wasser: fließend, reinigend, ruhig; bei Wolken: leicht, schwebend, fliegen usw.

Du wirst die Veränderung deiner Bewertung der entsprechenden Erfahrung zunehmend fühlen können, weil dein Gehirn die zu deinem Sprachgebrauch und deinen Visualisierungen passenden Neurotransmitter über die Zeit bereitstellen wird.

3.2.6 Anwendung der Self-Talk-Methode zur Transformation

Da wir den Self-Talk nutzen können (s. Kapitel »Self-Talk-Methode«), um im Innenleben Dinge zu verbinden, Energien fließen zu lassen und Schmerzhaftes zu transformieren, kannst du dich fragen, was der positive Aspekt der spezifischen Erfahrung für dich ist, und deine Seele darum bitten, diese Erinnerung, Erfahrung oder Emotion in Liebe zu wandeln.

So kann ein Self-Talk dazu aussehen:

»Ich nehme Kontakt auf zu meiner inneren Heilerin. Ich bitte dich darum, dass du meine Wut / mein Schuldgefühl usw. aus der spezifischen Erfahrung in Liebe annimmst und in Kraft verwandelst. Bitte lass mich diese Kraft in ähnlichen Situationen besonders intensiv spüren und die richtigen Entscheidungen treffen.«

Fragen und Aufgaben

- **Es gibt vielfältige Möglichkeit der Transformation und Integration von schmerzhaften Erfahrungen.**
- **Vielleicht hast du in deiner Vergangenheit unbewusst eine andere Möglichkeit angewendet? Welche war das?**
- **Bestimme welche Wege der Transformation von negativen Erfahrungen und Emotionen du für deinen Alltag nutzen willst.**
- **Der kreative Prozess besteht darin, verschiedene**

Methoden zu wählen und sie in den Alltag zu integrieren, um künftig Blockaden und Traumata vorzubeugen und so zu verhindern, dass sie unbemerkt Energie rauben.

3.2.7 Dankbarkeit

Das Gefühlt der Dankbarkeit ist etwas, das in den verschiedenen Religionen stark adressiert und angestrebt wird.

Es hilft nämlich auch unter widrigen Umständen, Lebensqualität, die Motivation dranzubleiben sowie die Qualität der zwischenmenschlichen Kommunikation nachhaltig zu verbessern und dem Zustand von Machtlosigkeit entgegenzuwirken.

Das Gefühl der Dankbarkeit geht mitunter mit einer Ausschüttung von körpereigenen Endorphinen einher und lässt sich auch unabhängig von einem religiösen Kontext trainieren.

Ein Dankbarkeitstagebuch hilft dabei, den Fokus in der alltäglichen Wahrnehmung auf das Positive zu lenken. Damit werden noch so einfache Dinge wie ein Sonnenstrahl oder der Geruch einer grünen Wiese zu Ressourcen, die uns helfen, das, was uns widerfährt, ins richtige Verhältnis zu setzen und uns selbst aus der Opferrolle zu befreien bzw. Selbstwirksamkeit sowie das Vertrauen, dass das Leben gut zu uns ist, zu spüren.

Fragen und Aufgaben

- **Hierzu kannst du jeden Abend zwei Fragen beantworten:**

    1. **Wofür bin ich dankbar, was mir widerfahren ist, ohne dass ich dazu aktiv werden musste?**

    2. **Wofür bin ich dankbar, das ich selbst bewirkt bzw. mitgestaltet habe?**

3.3 Ziele formulieren, visualisieren, fühlen, erreichen und überprüfen

1. Formuliere Ziele mithilfe der SMART-Methode, um sie so präzise und spezifisch wie möglich zu definieren und damit die Wahrscheinlichkeit des Erreichens zu erhöhen.

SMART ist ein Akronym, das sich aus den Anfangsbuchstaben der fünf einzelnen Schritte zusammensetzt. Laut der SMART-Formel müssen Ziele sein:

Spezifisch
Messbar
Attraktiv
Relevant
Terminiert

(engl. Specific, Measurable, Achievable, Reasonable, Time Bound)

Die SMART-Methode geht auf den Managementforscher und Erfinder Peter Drucker zurück, der in den 50er Jahren Kriterien entwickelte, wie sich Ziele besser formulieren lassen, damit sie ebenso messbar wie motivierend wirken und auch erreicht werden können.

2. Nachdem das Ziel »SMART« formuliert wurde, visualisiere den Zustand, den du haben wirst, wenn du sie erreichst.

   Ich ergänze die SMART-METHODE um einen Aspekt, nämlich das Formulieren von Indikatoren direkt im Anschluss an die Zieldefinition, anhand derer du erkennen können wirst, dass du das Ziel erreicht hast.

   Indikatoren können sich auf deine eigenen Emotionen, dein Verhalten, aber auch die Emotionen und das Verhalten anderer beziehen. Sie helfen dir, das Ziel motiviert anzugehen, weil du dann die Vorfreude der Zielerfüllung antizipieren kannst.

Fragen zur Formulierung von Indikatoren:

- Woran wirst du merken, dass du dein Ziel erreicht hast?
- Wie fühlt es sich an, es erreicht zu haben?

Dabei ist der konkrete Weg der Zielerreichung weniger relevant. Wichtig ist es, dich selbst in einer Situation zu visualisieren, in der du es genießt, dass du das Ziel erreicht hast.

3. Stetige Evaluation nach der Erreichung des Ziels ist wichtig, denn veränderte Lebensumstände und neue Informationen bringen eine Neubewertung und Neuformulierung der Ziele mit sich.

Wann immer du ein Ziel erreicht hast, einen Lebensabschnitt beendest oder einen Lehrgang absolvierst, beantworte dir die folgenden Fragen und feiere den Moment:

- Was habe ich da gelernt?
- Was nehme ich für mich mit?
- Wofür feiere ich mich selbst?
- Welche Superkraft habe ich nun erhalten?
- Wie kann ich feiern, dass ich das geschafft habe?

Der Prozess der Zielerfüllung ist ein lebenslanger Prozess. Es geht nicht darum, immer höher, schneller, weiter zu kommen und mehr haben zu müssen. Es geht darum, eine Balance zwischen den Bedürfnissen bzw. Wünschen und dem Fluss des Lebens immer wieder herzustellen.

Wie nah bist du deinem Ziel heute im Vergleich zu vor einer Woche gekommen? Mit dieser Frage machst den Prozess der Zielerfüllung spürbar.

4. Prozess- vs. zielorientierte Betrachtung

Wenn wir Ziele betrachten, darf eines nicht auf der Strecke bleiben – das Feiern des Prozesses: »Der Weg ist das Ziel.«

Wer kennt es nicht:

»Wenn ein ersehntes Ziel erreicht ist, fällt man erstmal in ein Tief.«

Während ein Haus mal fertig gebaut ist, bleibt ein Garten ein lebenslanger Prozess, der dich symbolisch nährt und lehrt, Vergänglichkeit, aber auch Achtsamkeit und Fleiß zu feiern, dankbar Überfluss und Entbehrung anzunehmen, geduldig zu sein und den gesamten Prozess vom Säen über Pflegen bis hin zum Ernten zu würdigen sowie den Kreislauf des Lebens als solchen immer wieder zu würdigen.

Fragen und Aufgaben

- **Welche kurzfristigen Ziele möchtest du erreichen?**
- **Welche langfristigen Ziele möchtest du erreichen?**
- **Bis wann willst du sie erreicht haben?**
- **Woran erkennst du, dass du deine Ziele erreicht hast?**

3.4 Ich bin viele – Die Arbeit mit dem Inneren Team

Das Innere Team ist ein Persönlichkeitsmodell des Hamburger Psychologen Friedemann Schulz von Thun. Die Pluralität des menschlichen Innenlebens oder Teile der Persönlichkeit werden darin mit der Metapher eines Teams und seines Leiters dargestellt. Das soll die Problemlösung in schwierigen Situationen unterstützen und damit die Voraussetzung für eine klare und authentische Kommunikation nach außen und ein vielschichtiges Erleben der eigenen Persönlichkeit ermöglichen.

Wer ist also Teil meines Inneres Teams?
Und wie kann ich diese Anteile nutzen?

Grob gesagt bilden wir zu allen Personen, zu denen wir eine Bindung im Laufe unseres Lebens eingegangen sind, eine innere Repräsentanz, d.h. dass wir verinnerlicht haben, uns selbst durch ihre Augen zu betrachten. Heute können wir selbst wählen, wen wir in unser Inneres Team aufnehmen wollen, um durch die Augen dieser Teammitglieder uns selbst oder einen Sachverhalt betrachten und bewerten zu können.

Eignungsvoraussetzungen können bestimmte Kompetenzen sein. So ist z. B. die Geduld und Großherzigkeit der Großmutter etwas, das wir gerne in unserer Persönlichkeit repräsentiert sehen wollen. Dann laden wir sie ein, am imaginären Tisch des Inneren Teams Platz zu nehmen. Die Personen, die dich geprägt haben und zu dem Menschen gemacht haben, der du heute bist, gehören an diesen Tisch. Sie werden dir helfen, bei wichtigen Entscheidungen verschiedene Perspektiven einnehmen zu können, mithilfe der Fragen: »Wie würde meine Oma oder die Person X diese Situation bewerten und was würde sie mir raten, wie ich in der Situation vorgehen sollte?« Man kann alle Anteile auch zu einer »Ratsversammlung« bezüglich eines Themas an einen Tisch setzen, um von den verschiedenen

Perspektiven bei einer Entscheidung profitieren zu können.

Das Innere Team kann dir auch helfen, Eigenschaften und Kompetenzen zu erwerben, die du gerne hättest, aber die noch nicht Teil deines Selbstkonzepts sind.

Welche Eigenschaften und Fähigkeiten möchtest du noch erwerben und welche Personen in deinem Leben verkörpern oder verkörperten diese Eigenschaften und Fähigkeiten? Wer sind deine Vorbilder und warum?

Versuche dich selbst und die jeweiligen Situationen durch ihre Augen zu betrachten. Das kann ein erster Anknüpfungspunkt und ein Anstoß für eine Auseinandersetzung mit dem Erwerb eben dieser Fähigkeiten sein. Vor wichtigen Ereignissen kann dir das Einnehmen der Perspektive eines entsprechenden Anteils deines Inneren Teams erlauben, positive, empowernde Emotionen wie mitunter Sicherheit, Stärke und Mut zu tanken.

Wer gehört noch in dein Inneres Team?
»Die jüngeren Anteile deiner Persönlichkeitsentwicklung.«

Wer warst du mit 5 Jahren? Wer warst du mit 9 Jahren und wer mit 15 usw.?

Kannst du dich selbst vor deinem inneren Auge in den verschiedenen Entwicklungsstufen sehen? Du selbst bestimmst, wie viele deiner jüngeren Anteile in dein Inneres

Team gehören. Diese inneren Anteile sind wichtig, wenn es um eine Aussöhnung mit bestimmten Lebensereignissen geht.

Ergänzend zu der Arbeit mit dem Inneren Team, gibt es auch das Konzept zur Arbeit mit dem Inneren Kind. Dieses Konzept wurde von Luise Reddemann als Teil ihres Konzepts »Psychodynamisch Imaginative Traumatherapie – PITT« thematisiert. Das Konzept basiert auf der Idee, dass es uns oftmals nicht möglich ist, Konflikte und Traumata durch eine direkte Konfrontation mit den Verursachern zu lösen und dass eine konfrontative Traumatherapie in einigen Fällen zur Retraumatisierung führen kann. Sehr wohl ist es uns aber möglich, mithilfe der Visualisierung eines Dialogs mit den inneren Anteilen unseres Selbst eine Lösung des Konflikts zu bewirken. Z. B. kannst du heute als der erwachsene und fürsorgende Anteil dein Inneres Kind visualisierend an die Hand nehmen und ihm die Umstände der damaligen Situation erklären, ihm Liebe und Geborgenheit geben und es in das aktuelle Leben einladen. So integrierst du die traumatische Erfahrung symbolisch in dein Leben, akzeptierst es als zu dir gehörig und minimierst die destruktive Auswirkung des Ereignisses.

Heute bestätigen bildgebende Verfahren, dass Imagination ähnliche Prozesse aktiviert wie ein reales Erleben. Deshalb funktioniert diese »stellvertretende Aussöhnung« tatsächlich. Wenn du mehr über diese Arbeit mit dem Inneren Team oder dem Inneren Kind erfahren möchtest, empfehle ich dir, dich mit den Konzepten von Luise Reddemann und Schulz von Thun auseinanderzusetzen.

Fragen und Aufgaben

- Welche Personen sind Teil deines Inneren Teams?
- Welche Personen deines Inneren Teams sollten die stärkere Stimme und vielleicht sogar die Entscheidungsmacht haben?
- Welche Eigenschaften und Kompetenzen sollen Teil deines Inneren Teams sein?
- Bis wann willst du diese Eigenschaften und Kompetenzen verinnerlicht haben?

3.5 Self-Talk-Methode

Als Kinder lernen wir zu sprechen, indem wir unsere Bezugspersonen imitieren und alles nachplappern, was wir hören. Irgendwann plappern wir seltener nach und internalisieren die gehörten Aussagen in Form von wiederkehrenden Gedanken, die wir mit der Zeit für unsere eigenen halten.

Es macht einen Unterschied, ob mit uns liebevoll und empowernd gesprochen wurde oder abwertend und ermahnend. Der Unterschied macht sich bemerkbar auf den Ebenen Selbstvertrauen, Bindungsmuster, Kommunikationsverhalten und Self-Talk z. B.: »Das ist zu viel für dich, übernimm dich nicht.« – »Warum willst du ein Risiko eingehen, wenn es doch auch so funktioniert?« Schon mal solche Phrasen oder Gedanken gehört?

Nun, wie anfangs erwähnt, die wenigsten von uns hatten das Glück, eine glückliche Kindheit gehabt zu haben, und die, die es hatten, haben vermutlich nie gelernt, für sich einzustehen und sich etwas einzufordern.

Ganz gleich, ob mit dir in der Vergangenheit empowernd oder demotivierend gesprochen wurde, uns interessiert allein die Frage: »Wie möchtest du, dass in Zukunft mit dir gesprochen wird?«

Die Antwort auf diese Frage ist die Ausgangslage für die Gestaltung deines inneren Dialogs, dem Self-Talk.

Uns fällt es leichter, mit anderen liebevoller zu kommunizieren als mit uns selbst. Du erinnerst dich, das Gehirn muss mindestens 100-mal den Gedanken gedacht oder gesagt haben, bis es beginnt, die dazu passenden Neurotransmitter bereitzustellen und somit die dazu passenden Emotionen zu formen. Da hilft ein bewusst gewählter Self-Talk enorm dabei.

Stell dir vor, du kommunizierst mit dir wie mit einem Menschen, den du liebst. Wann immer du dich also dabei erwischst, dass du dich selbst verurteilst und abwertest, weißt du, was du zu tun hast: Die Worte, Bewertungen und Intonation so wählen, wie du es tätest, wenn du mit einem Menschen sprechen würdest, den du liebst. So wirst du zu einem Menschen, den du liebst!

Ein weiterer Grund, warum ein positiver Self-Talk für uns so wichtig ist: Du wirst zu der Geschichte, die du über dich selbst erzählst, und es ist nie zu spät für ein »Happy End«. Das »Happy End« muss nicht rosarot sein. Ein »Happy

End« kann auch so aussehen, dass du über dich selbst sagen kannst:

»Diese schmerzhaften Erfahrungen haben mich zu dem Menschen gemacht, der ich heute bin und auf den ich stolz bin. Sie haben mich gezwungen, Kompetenzen zu erwerben, von denen ich und die Menschen, die ich liebe, heute profitieren.«

Wir gestalten den Self-Talk so, dass er uns mal empowert, Neues zu probieren, mal animiert, Initiative zu ergreifen, und mal tröstet.

So kann ein empowernder Self-Talk aussehen:

»Ich weiß, dass du Angst hast zu versagen. Aber du hast bereits viele schwere Situationen dieser Art gut bewältigt und du wirst auch diesmal Erfolg haben. Du hast Angst und machst es trotzdem, um hinterher stolz auf dich sein zu können.«

Das klingt wie eine Phrase, die eine Mutter zu ihrem Kind sagen könnte, richtig?

Ganz genau!

Fragen und Aufgaben

- **Wie kann ein Self-Talk aussehen, der dir jetzt zu diesem Zeitpunkt Mut machen würde?**
- **Den Eigendialog, der unseren inneren**

Schweinehund belohnt, uns kleingeistig, passiv und mittelmäßig hält, überlassen wir ab sofort anderen.

3.6 Schlagfertigkeit lässt sich trainieren

Schlagfertigkeit hilft einem, zum richtigen Zeitpunkt für sich und andere einzustehen, sich Respekt zu verschaffen und das Gefühl von spielerischer Kontrolle zu generieren.

Menschen, die schlagfertig reagieren, werden als selbstbewusst wahrgenommen und fühlen sich auch so. Die anderen grübeln nach dem Ereignis, in dem sie nicht für sich eingestanden sind, noch lange darüber nach, wie sie es ihrem Gegenüber hätten geben können.

Das Gute ist: Schlagfertigkeit ist trainierbar. Dabei verhält es sich wie mit allem: Es fliegt uns nicht zu. Aber wir wollen die Challenge!

Wir können uns auf die Momente, in denen uns die Sprache wegbleibt, vorbereiten. Dies machen wir mithilfe von Phrasen, die für viele Gelegenheiten passen.

Hier ein paar Beispiele:

»Es ist nicht immer gut von sich auf andere zu schließen.«

»Sie haben absolut Recht. Ich habe einen Fehler gemacht und bin sehr froh darüber, weil ich keine Gelegenheit verpassen werde, es in Zukunft besser zu machen. Im Unterschied zu Ihnen habe ich keine Angst, mich vulnerabel zu machen, weil ich das Vertrauen habe, mit allen Konsequenzen umgehen zu können.«

»Sie sind mit meinen Ideen nicht einverstanden? Machen Sie gerne einen Vorschlag. Wenn er mich überzeugt, dann machen wir es auf Ihre Weise und sammeln so Erfahrungswerte.«

»Ihr Beitrag ist abwertend und destruktiv. Wenn Sie auch etwas Konstruktives beizutragen haben, bin ich ganz Ohr.«

»Ich kompensiere nicht Ihre Fehler. Die Verantwortung für einen konstruktiven Vorschlag sehe ich bei Ihnen.«

Fragen und Aufgaben

- **Wie können deine Phrasen aussehen, die dich in einer solchen Situation souverän fühlen lassen?**
- **Auf welche möglichen Situation möchtest du dich vorbereiten?**
- **Überlege gemeinsam mit den Menschen deines Vertrauens vor wichtigen Ereignissen, wie man auf Worst-Case-Szenarien reagieren kann.**

3.7   Reframing nutzen

Das Reframing ist eine Methode des NLP-Ansatzes (Neuro-Linguistisches Programmieren). Es gibt das kontextbezogene- und das inhaltsbezogene Reframing. Reframing kommt aus der systemischen Familientherapie und ist auf Virginia Satir zurückzuführen.

Ein inhaltsbezogenes Reframing wäre z. B., wenn du eine gefühlte Niederlage als etwas sehr Gewinnbringendes betrachtest, weil du sie dafür nutzt, spezifische Kompetenzen zu erwerben, die dir bei einem erneuten Anlauf einen Erfolg ermöglichen.

Ein kontextbezogenes Reframing lässt sich an einem Beispiel gut erklären: Stell dir vor, du hast gerade mit einer neuen Tätigkeit begonnen und findest ein Team vor, in dem Misstrauen herrscht und das Teamgefühl fehlt. Bei deinem letzten Job hattest du das Glück, ein tolles Team gehabt zu haben, das du jetzt vermisst. Jetzt besteht das Reframing darin, dass du die Gelegenheit nutzt, ein Teamgefühl zu kreieren. Das machst du, indem du die Muster und Strukturen analysierst, die dein altes Team zusammengeschweißt haben, und etablierst diese im neuen Team. So kreierst du proaktiv ein Team, in dem du das Gefühl der Zusammengehörigkeit tanken kannst. Du hast dadurch eine neue Kompetenz erworben.

Das Reframing ist eine wichtige Methode, um sich selbst motiviert zu halten und nicht in die Opferrolle zu verfallen.

Sie unterstützt die Selbstwirksamkeit auch in schwierigen Momenten.

Fragen und Aufgaben

- **Welche Erfahrungen in deinem Leben möchtest du anders framen?**
- **Wie genau müssen diese Erfahrungen geframt sein, damit sie dir dienen?**

3.8   Zoom In/Zoom Out

Auch die Zoom-In/Zoom-Out-Technik hilft, Erlebtes wieder ins richtige Verhältnis zu setzen und emotionale Distanz zu gewinnen, aber auch kausale Zusammenhänge besser zu verstehen. Wenn wir emotional auf etwas reagieren, dann überstrahlt dieses Gefühl häufig alles andere, was wir erleben.

3.8.1   Zoom Out

Die Zoom Out-Technik nutzen wir, wie wir es bei der Kamera kennen: Wollen wir emotionale Distanz, stellen wir uns vor, dass wir das Geschehen aus der Vogelperspektive betrachten, die weiter entfernt zum Geschehen ist, oder hingegen mit zeitlicher Distanz, z. B. in dem wir uns fragen: »Werde ich mich in 10 Jahren noch darüber ärgern?«

Hier geht es darum zu beantworten:

Welche Zusammenhänge kann ich erkennen, wenn ich nun mit mehr Distanz auf das Geschehen blicke?

Wozu ist die Erfahrung gut?
Welche Aspekte stößt es bei mir und anderen an?

Zum Beispiel kannst du, mit dem Aspekt: »Welche Probleme habe ich bisher proaktiv gelöst?«, den Fokus auf das Vertrauen setzen, dass du auch das bevorstehende Problem gut meistern wirst, da du schließlich bisher vieles lösen konntest.

Die Antwort auf die Frage: »Welche Kompetenzen habe ich mir bis heute im Laufe meines Lebens angeeignet, von denen ich noch heute profitiere?«, kann dir helfen, dich dazu zu motivieren, beispielsweise ein Studium oder ein Projekt, das dir schwerfällt, durchzuziehen. Auf diese Weise führst du dir vor Augen, dass es dir langfristig nutzen wird und sich deshalb lohnt, dranzubleiben.

3.8.2 Zoom In

Wenn du dich dabei beobachtest, dass es dir schwerfällt, dich auf etwas oder jemanden emotional einzulassen, weil du distanziert bleibst, wird es Zeit für ein »Zoom In«.

Wenn du zu allem dauerhaft auf Distanz bleibst, wird es dir gelingen, negative Emotionen für eine Weile zu vermeiden. Der Preis dafür ist jedoch, dass du auch vermeidest, wahrhaftig gelebt zu haben.

Zudem vermeidest du es, dein Kompetenzspektrum erweitert zu haben. Dieses Defizit wird dir das nächste Mal, wenn dich das Leben in die Knie zwingt, auf die Füße fallen.

Vermeidung ist etwas, das sehr genau dosiert werden will, genau wie das Salz in der Suppe. Stattdessen ist es sinnvoll, etwas konkret anzustreben, nämlich die Kompetenz, negative Emotionen akzeptieren, regulieren und in etwas Gewinnbringendes transformieren zu können.

Wenn du visualisierst, wie du dich aus der Ferne in das Problem oder die Interaktion hineinzoomst, kann es anfangs unangenehm sein. Da musst du durch. Gutes gibt es nicht für umsonst. Die gute Nachricht ist aber: Du bringst alle Kompetenzen mit, um dir alles, was du benötigst, aneignen zu können.

Wie aber gelingt es dir dauerhaft, Emotionen akzeptieren, regulieren und gewinnbringend transformieren zu können? Indem du dich explizit dafür entscheidest, diesen Wunschzustand als Ziel formulierst und anschließend konsistent an der Zielerreichung arbeitest. Diese Erfolge, die du dann einfährst, stärken die Selbstwirksamkeit und müssen unbedingt gefeiert werden. Keiner kann dir etwas wegnehmen, das du selbst errungen hast.

Fragen und Aufgaben

- **So kann eine Affirmation dazu aussehen:**
- **»Ich entscheide mich dafür, meine Emotionen zu**

spüren. Ich werde sie als zu meinem Leben dazugehörig akzeptieren lernen und sie so regulieren,
dass sie mir nicht schaden. Dafür übe ich mich in
Impulskontrolle. Langfristig werde ich diese Emotionen gewinnbringend transformieren. Ich habe
das Vertrauen, mir alles Nötige aneignen zu können, um diese Ziele zu erreichen.«

3.9 Entspannungstechniken

Entspannungstechniken, so verschieden sie auch sein
mögen, haben zum Ziel, den Parasympathikus zu aktivieren, die Sauerstoffversorgung im Körper zu erhöhen,
den Cortisolspiegel (Stresshormon) zu senken sowie die
körpereigene Endorphinausschüttung anzuregen. Einige
von ihnen können sogar die Zirbeldrüse aktivieren, unser
Zentrum für die Wahrnehmung von Zeit, Spiritualität und
Out-of-Body-Experiences.

Wichtig: Entspannungstechniken müssen regelmäßig ge-
übt werden! (Vergleichbar mit einem Muskel, den wir trainieren.)

Bildgebende Verfahren zeigen, dass Personen, die regelmäßig meditieren, ihr Schmerzempfinden sowie weitere
neuronale Prozesse konstruktiv beeinflussen können. Meditation hilft also, dein Gehirn positiv zu modulieren. Es
kostet nichts und du kannst es überall, auch in der Warte-
schlange, praktizieren. Hier kannst du selbst wählen, ob
du dich lieber ärgern willst oder die Zeit nutzt, um dich

proaktiv zu entspannen und deinen Parasympathikus zu aktivieren.

Im Folgenden findest du eine nicht abschließende Aufzählung einiger Meditationstechniken:

- Chakra-Meditation
- Krafttier-Meditation
- Autogenes Training
- Muskelrelaxation nach Jacobson
- Wim-Hof-Methode
- Tiefe Bauchatmung
- Visualisierungsübungen nach Luise Reddemann z. B. »Mein innerer Garten«
- NLP
- Selbsthypnose
- OM-Meditation
- Mantra-Meditation
- Zen-Meditation
- Yoga Nidra
- Kundalini-Yoga
- Biofeedback
- Meditation mit binauralen Beats (Neuro-Wellen-Sound)
- Lachyoga

Fragen und Aufgaben

- **Jetzt nehme ich dich in die Pflicht. Setze dich proaktiv mit den zahlreichen Entspannungstechniken auseinander und finde die, die zu deinen**

Bedürfnissen passen. Wende diese regelmäßig an, um in den Genuss ihrer Wirkung kommen zu können.

- **So lernst du, dein Tor zum Parasympathikus und damit zum inneren Frieden aktiv zu öffnen.**

3.10 Kenne deine Ressourcen

Ressourcen können alles das sein, was dir hilft, dein Leben vor allem in den schwierigen Momenten besser bewältigen zu können. Es können Bewältigungsstrategien, Symbole, Gegenstände, Menschen, Beziehungen, Verhalten, Emotionen, Lösungsstrategien, Kompetenzen, Orte, Bilder, Fotos, Filme, Musik, Essen, Gewohnheiten, Wesensmerkmale wie Temperament und Intelligenz, Erinnerungen, Glaubenssätze usw. sein.

»Es gibt nicht viel, was ein heißes Bad und Schokolade nicht besser machen können.«

Während meines Praktikums beim Krisendienst im Vollzug habe ich es erlebt, dass ein Insasse zu mir, durch ein sehr kleines Fenster seiner Zelle blickend, hinter dem eine Backsteinwand zu sehen war, sagte: »Sehen Sie diesen dünnen Zweig? Wann immer ich ihn ansehe, spüre ich Hoffnung.« Es war in Wirklichkeit nur ein Bruchteil eines Zweiges zu sehen. Das hat mich sehr bewegt und mir auch gezeigt, dass wir selbst bestimmen, was uns gerade als Ressource dient.

Alle oben aufgeführten Aspekte können jedoch nur dann als Ressource dienen, wenn du sie bewusst benennen und dich in einer schwierigen Lage für sie entscheiden kannst. Die Lösung ist immer schon im Problem enthalten. Wir müssen sie einfach nur erkennen.

Ich bin mir ganz sicher, dass du bereits viele potentielle Ressourcen in deinem Leben hast, die du oftmals unbewusst herangezogen hast.

Fragen und Aufgaben

- **Was hat dir bisher als Ressource in deinem Leben einen guten Dienst erwiesen?**
- **Welche Ressourcen siehst du generell in deinem Leben?**
- **Führe eine Liste, die du stetig um neue Ressourcen, die du bewusst identifiziert hast, ergänzt.**
- **Diese Liste wird dir helfen, in schwierigen Momenten das Gefühl von Machtlosigkeit, Traurigkeit und Wut maßgeblich zu reduzieren und eine Regeneration sowie eine positive Ausrichtung zu beschleunigen.**

3.11 Skalierungsfragen und das Gleichgewicht zwischen Analyse und Erleben

Skalierungsfragen machen das Erleben von Intensität, Quantität und Frequenz von etwas, das uns gerade beschäftigt, möglich. Sie machen auch den Prozess spürbar.

Wenn du deinen Entwicklungsstand bezogen auf etwas, das dich aktuell beschäftigt, auf einer Skala von 1 bis 10 einschätzen müsstest, wo siehst du dich gerade?

Das Gleichgewicht zwischen Analyse und Erleben erreichen wir, indem wir fragen:

»Was fühlst du, wenn du bei einer 10 angekommen bist?«
»Wie fühlt sich eine 8 anders an als eine 10?«
»Was brauchst du, um den nächsten Schritt machen zu können?«
»Wie fühlt es sich an, einen Schritt weiter zu sein?«
»Woran merkst du, dass sich etwas verbessert hat?«

Wir wollen mehr ins Visualisieren und Erleben kommen, denn wenn wir schon mal visualisiert und erlebt haben, wie sich das Ziel anders anfühlt als der aktuelle Zustand, ist es leichter, es zu erreichen bzw. einfacher, den nächsten Schritt zu erkennen und ihn zu gehen.

Fragen und Aufgaben

- Welche Fragen, die dich beschäftigen, kannst du mithilfe der Skalierungsfragen für dich erlebbar machen?
- Wie fühlt sich eine 10 für dich an?
- Wo erlebst du den Unterschied zum aktuellen Zustand?
- Wie fühlt es sich an, einen Schritt weiter zu sein?
- Was brauchst du, um den nächsten Schritt gehen zu können?
- Woran erkennst du, dass sich etwas verbessert hat?
- Wann möchtest du für dich den Prozess erneut auf der Skala 1 bis 10 einschätzen?

3.12 Konstruktiver Umgang mit Konflikten mit dem Fokus auf Vertrauen und Verbundenheit

Es ist schwer bei Konflikten mit Menschen, die wir lieben, vor denen wir uns verwundbar machen, an die wir Erwartungen haben und von denen wir uns wünschen geliebt und gesehen zu werden, in Konfliktsituationen einen kühlen Kopf zu bewahren und sich nicht in Vorwürfe und Anschuldigungen zu verlieren.

Eine gute Kommunikation erfordert es, dass man alle Ebenen adressiert:

- Beziehungsebene
- Emotionale Ebene
- Sachebene
- Selbstoffenbarungsebene
- Wunschebene

Wenn die Fronten verhärtet sind und du in deiner Beziehung ein destruktives Streitverhalten beobachtest, das dazu führt, dass beide Seiten ausbrennen und sich nicht verstanden fühlen, ist der Zeitpunkt für eine paradoxe Intervention gekommen. Dann hilft es, wenn sich beide während eines Konfliktgesprächs an ein Skript halten. Es mag sich anfangs zwar unnatürlich anfühlen, doch bringt genau das strukturierte Vorgehen den notwendigen Abstand, den es braucht, um konstruktiv mit einem Konflikt umgehen und wieder zu Vertrauen und Verbundenheit zurückfinden zu können.

Wichtig ist dabei, der Versuchung zu widerstehen, verschiedene Aspekte miteinander zu vermischen und stattdessen jeden einzelnen Sachverhalt für sich nach diesem Muster durchzuspielen.

Ich verwende im Skript für konstruktiven Umgang mit Konflikten die Termini »Verletzter« und »Auslösender« statt Täter und Opfer, um nachvollziehen zu können, bei wem gerade die Initiative und Verantwortung liegt.

Im Folgenden findest du eine Anleitung zum konstruktiven Umgang mit Konfliktsituationen:

1. **Anlass / verletzende Aussage, Verhalten oder Situation** wird durch den Verletzten identifiziert und benannt (durch Verletzten) z. B.: »Das, was du getan hast, hat mich verletzt.«
2. **Verstehen wollen** (durch Auslösenden): »Was genau hat dich an meinem Verhalten verletzt?«
3. **Konkretisieren** des verletzenden Verhaltens und KEINE Parallelen ziehen zu ähnlichen Situationen, die man beim anderen erlebt hat.(Durch Verletzten)
4. **Erklären,** warum so gehandelt wurde (durch Auslösenden) z. B.: »Ich habe mich so verhalten, weil ich …« Hier muss man aufpassen, dass man nicht in der Rechtfertigungsschleife hängen bleibt. Es muss nicht vom Gegenüber richtig verstanden worden sein. Es reicht, es ein einziges Mal explizit zu adressieren. Bei einem Konflikt geht es nicht darum, sich zu erklären, sondern darum, Verantwortung für das Gefühl, das man beim anderen erzeugt hat, zu übernehmen. Wenn man hier zu lange verweilt, wird man den Konflikt nicht lösen! Es ist okay, dass man in seinen Motiven nicht verstanden wird. Es ist nicht okay, das als Entschuldigung zu nehmen, um die Verantwortungsübernahme zu vermeiden. Hier gehört Impulskontrolle dazu, zu sagen: »Ich habe es ausgesprochen, wurde dabei nicht verstanden, aber werde dennoch die Verantwortung dafür übernehmen, dass ich den anderen verletzt habe.«
5. **Validierung** durch den Verletzten, dass die Herangehensweise des Auslösenden zu dem Zeitpunkt

Berechtigung hatte, weil er es nicht besser wusste, z. B.:»Ich kann verstehen, dass das aus deiner Sicht Sinn gemacht hat.«

6. **Emotionen** werden durch den Verletzten benannt z.b.:»Dein Verhalten hat in mir die Gefühle Machtlosigkeit, Wut, Traurigkeit und das Gefühl, ausgeschlossen zu sein, ausgelöst.«

7. **Empathie** mit dem Verletzten durch den Auslösenden, indem er sich in den Verletzten einfühlt und sagt und zeigt, dass es ihm weh tut, dem anderen Schmerz zugefügt zu haben, z. B.:»Ich kann deinen Schmerz fühlen.«

8. **Verantwortung** wird vom Auslösenden übernommen für das Gefühl, das er dem Verletzten zugefügt hat, z. B.:»Das war nicht okay von mir, mich so zu verhalten. Ich will dir nicht weh tun und bin bereit, dieses Verhalten ab sofort zu ändern.«

9. **Entschuldigung** für das zugefügte Leid beim Verletzten durch den Auslösenden, z. B.. »Es tut mir unendlich leid, dass ich dich verletzt habe. Es tut mir selber weh, wenn ich dich verletze. Es tut mir leid, dass ich mich im Vorhinein nicht gefragt habe, wie es für dich wäre, wenn ich mich so verhalte. Ich werde deinen Schmerz teilen und dir helfen, ihn zu überwinden. Ich gehe ab sofort sehr sorgsam mit deinen wunden Punkten um.«

10. **Wünsche und Vereinbarung**: Was wünscht sich der Verletzte, wie der Auslösende künftig mit dem Sachverhalt umgeht? Was wird vereinbart? (Der Auslösende sollte sich Gedanken machen und einen Kompromiss anbieten, mit dem er seinem

Gegenüber ein Gefühl der Sicherheit geben kann.)
Wie wird das Einhalten der Vereinbarungen über-
prüft? (Durch beide.)

Verletzter: Z. B.: »Ich wünsche mir, dass du das
nächste Mal dich fragst, wie ich mich dabei fühlen würde, bevor du entscheidest, wie du vorgehst.
Ich wünsche mir, dass du dein Verhalten auf diese
Weise ... veränderst, damit es mir Sicherheit gibt.«

Auslösender: »Ich bin gerne bereit das, was du dir
wünschst, zu berücksichtigen bzw. hier ist mein Kompromiss ... Würde dir das helfen, dich sicherer zu fühlen?«

11. **Wertschätzung** durch den Verletzten dafür, dass
der Auslösende bereit ist, künftig sein Verhalten an-
zupassen. Z. B.: »Vielen Dank, dass du bereit bist,
auf mich zuzukommen, und meine Gefühle ernst
nimmst. Darüber freue ich mich sehr.«

12. **Akzeptanz** und Loslassen des Schmerzes und der
Streitsituation (durch beide). Z. B.: »Jetzt wurden alle Emotionen benannt und wir haben dafür
gesorgt, dass das nicht mehr in der Zukunft vorkommt. Es ist an der Zeit, den Konflikt loszulassen.«

13. **Nähe aufbauen und Stimmung ändern** durch gemeinsame Rituale wie z. B. gemeinsames Lachen
(durch beide).

14. **Vertrauen und Verbundenheit** stärken durch Auf-
zählen der bereits erfolgreich gemeisterten Pro-
bleme(durch beide). Z. B.: »Wir haben in der
Vergangenheit folgende Probleme ... gemeinsam gemeistert und wieder Vertrauen und Verbundenheit
aufgebaut. Das werden wir auch diesmal schaffen.«

Ausnahmeprotokoll

Wenn du und dein Konfliktpartner hinsichtlich Sozialisation und Persönlichkeit zu verschieden seid, wird es oftmals nicht möglich sein, euch gegenseitig das Gefühl geben zu können, dass ihr einander verstehen, fühlen und abholen könnt.

Was dann noch bleibt, ist die Verantwortungsübernahme dafür, dass etwas an deinem Verhalten den anderen verletzt hat.

In diesem Fall könnt ihr auf das kurze Protokoll zurückgreifen, das euch hilft, die Streitsituation nicht eskalieren zu lassen.

Die leitende Frage hierbei ist: Was muss ich von dir hören, wenn Verständnis, das Gefühl abgeholt zu werden und Einfühlung nicht möglich sind, damit ich im Streit ruhig bleibe?

Hier ein Beispiel: Ich muss Folgendes in einer ruhigen, zugewandten und nicht trotzigen oder passiv aggressiven Intonation hören:

1. Es tut mir aufrichtig leid, dass mein Verhalten dich verletzt hat.
2. Ich kann momentan nicht ganz nachvollziehen, was daran dich verletzt hat, aber ich möchte es besser verstehen und werde mich ab sofort dabei beobachten und darauf achten, dass es nicht erneut passiert.

3. Ich werde ab sofort Folgendes ändern oder tun, damit es nicht erneut dazu kommt …
4. Ich habe mich aus dem folgenden Grund so verhalten und konnte leider nicht antizipieren, dass es dich verletzen würde. Das tut mir leid.

Hier geht es nicht darum, zu klären, wessen Sicht valide ist. Hier geht es allein darum, Verantwortung dafür zu übernehmen, dass der andere durch mein Verhalten verletzt wurde.

Grenzen

Wenn deine Grenze überschritten wird, sage laut und deutlich:

»Bitte hör jetzt auf! Ich kann jetzt nicht darüber reden.

Lass uns einen konkreten Zeitpunkt definieren, damit wir in Ruhe über dieses Thema sprechen. Wenn du nicht aufhörst auf mich einzureden, verlasse ich den Raum, um mich zu schützen.«

Es ist sehr wichtig, dass beide darauf vertrauen können, dass die Grenzen klar kommuniziert und gewahrt werden.

Fragen und Aufgaben

- **Anhand welcher Konflikte willst du die Anleitung durchspielen?**
- **Wie fühlt ihr euch beide danach?**

- Ich empfehle dir die Anleitung für beide Protokolle ausgedruckt und griffbereit zu haben und wann immer der Konflikt aus dem Ruder zu laufen beginnt, einen Schritt zurück zu gehen und sich dann an die Anleitung zu halten.
- Was musst du hören, um im Streit ruhig zu bleiben?

3.13 Innere Dringlichkeit

»Zwei Dinge sollten Kinder von ihren Eltern bekommen: Wurzeln und Flügel.« (Johann Wolfgang von Goethe)

Aus der Arbeit mit Erik Erikson wissen wir, dass wir Entwicklungsstufen, die wir in der Kindheit nicht bewältigen konnten, heute noch dank der neuronalen Plastizität nachrüsten können. Wir haben in diesem Manual bisher den Fokus überwiegend auf das Erarbeiten von Stabilität und damit Wurzeln gesetzt. In diesem Kapitel soll es um die Flügel gehen.

Die innere Dringlichkeit ist ein Konzept aus dem künstlerischen Schaffensprozess. Wenn man Tänzer fragt, was sie dazu bewegt, Choreografien zu erschaffen, wenn es nicht darum geht, die Existenz zu sichern, dann werden die häufig einen Zustand beschreiben, den ich als innere Dringlichkeit bezeichne. Gleiches gilt für Autoren und Künstler.

Es ist ein Zustand, der sich schwer beschreiben lässt, weil uns, getrimmt auf Funktionalität und Effizienz, schlichtweg

Vokabeln dazu fehlen. Denn wenn wir dem Gefühl der inneren Dringlichkeit nachgehen, tun wir dies nicht allein per Entscheidung. Es ist ein Zusammenspiel aus Selbstreflektion und innerer Führung. Da spricht etwas durch uns, und wenn wir dem Gefühl folgen und unsere innere Dringlichkeit leben, ist das Ergebnis, das am Ende entsteht, immer größer als die Summe der Einzelteile.

Jeder von uns hat eine ganz eigene innere Dringlichkeit und als Kinder spüren wir und leben sie. Durch die Maschinerie der Sozialisation verlernen wir jedoch häufig, die Stimme der inneren Dringlichkeit zu hören und ihr zu folgen.

Es ist sehr wichtig, das Gleichgewicht zwischen den verschiedenen Zuständen zu suchen.

- Kontrolle vs. fallen lassen
- Geben vs. Empfangen
- Aktiv sein vs. Ruhe zelebrieren
- Sicherheit vs. Risiken eingehen und wachsen

Das Leben ist ein stetes Pendeln zwischen den Extremen. Wann immer wir uns zu lange auf einer Seite aufhalten, geraten Dinge in ein Ungleichgewicht. Es ist gut, sich selbst beim Austarieren zu führen und mal in die eine Richtung zu gehen und sich dabei zu beobachten, wie sich das anfühlt, mal in die andere.

Die innere Dringlichkeit hat eine spirituelle Komponente. Indem wir ihr Raum in unserem Alltag geben, lassen wir den Zauber in unser Leben.

Wenn du dieses Gefühl noch nie gehabt hast, beobachte Künstler in ihrem Schaffensprozess. Wenn du das Gefühl schon mal erlebt hast, versuche dich daran zu erinnern und es wieder in deinen Alltag zu integrieren.

Wenn wir von der Lebensaufgabe oder dem sogenannten »Purpose« sprechen, den jeder von uns hat, dann ist die innere Dringlichkeit das Werkzeug, das dir hilft, diese zu erfüllen.

Fragen und Aufgaben

- **Was ist deine innere Dringlichkeit?**
- **Wann kannst du sie spüren?**
- **Was musst du tun, um ihr mehr Raum in deinem Alltag einzuräumen?**

3.14 Stabiles Selbstkonzept

Durch das Verstehen der Funktionsweise deines Gehirns, das proaktive Auseinandersetzen mit den Inhalten deiner Seele sowie dem Aneignen neuer Methoden und Kompetenzen hast du damit begonnen, den Garten deiner Seele anzulegen, in dem das Glück schon jetzt blühen kann, sowie ein stabiles Selbstkonzept zu konzipieren.

Begreife dein Selbstkonzept als einen lebendigen Organismus, der gepflegt werden will und mit veränderten Lebensbedingungen mitwächst. Es ist vielschichtig und facettenreich und braucht eine proaktive Führung und Gestaltung durch dich. Doch wenn das Leben ins Wanken gerät, wird es dir Stabilität und Vertrauen geben und in allen Lebenslagen einen Entwicklungsraum ermöglichen, der dir hilft, deine Potentiale zu leben.

Alle Methoden und Tools, die du in diesem Buch kennengelernt hast, tragen ihren Teil zum Bau eines stabilen Selbstkonzeptes bei, das unabhängig ist von Trends und der Meinung anderer.

Du selbst bestimmst, welche Art Mensch du sein willst, mit welchen Gedanken du dein Gehirn fütterst und welche Art Leben du führen möchtest.

Genau an dieser Stelle sind deine Kreativität und Disziplin gefragt.

Fragen und Aufgaben

Um deinen Seelengarten vibrierend gestalten zu können, damit das Glück darin blühen kann, solltest du dir die Fragen zu den folgenden Themen, in größeren Abständen, immer wieder beantworten:

1. **Identität:** Was bedeutet Identität für dich? Worüber identifiziere ich mich?
2. **Zugehörigkeit:** Wo und zu wem fühlst du dich zugehörig?
3. **Sinnhaftigkeit:** Wann im Alltag tankst du das Gefühl von Sinnhaftigkeit?
4. **Gerechtigkeit:** Wann spürst du Gerechtigkeit? Was tust du, wenn du Ungerechtigkeit erlebst?

Darüber hinaus ein paar weitere Anregungen:

- Was ist deine Superkraft?
- Wofür feierst du dich heute selbst?
- Treffe deine Entscheidungen so, dass du für dich selbst und andere eine Inspiration bist.
- Überlege dir, welchen emotionalen Fußabdruck du bei dir selbst und bei deinem Gegenüber hinterlassen willst.

Und zu guter Letzt:

Genieße und feiere es, dich selbst selbstwirksam zu erleben. Genau das ist der Moment, in dem das Glück in deinem Seelengarten erblüht.